MIT KALENDARIUM, AUSSAATKALENDER UND MONDKALENDER

Durchs Jahr **2024** mit

KAFFEE ODER TEE

SWR

GÄRTNERN UND GENIESSEN

Noch mehr Genuss und Kreativität mit dem ARD Buffet

Köstlichkeiten aus der Küche sind die schönsten Geschenke: Ob als kleines Dankeschön, Mitbringsel bei einer Einladung oder einfach so – mit Überraschungen aus dem Glas machen Sie jedem eine Freude! Lassen Sie sich von den leckeren Rezepten und Geschenktipps aus ARD Buffet inspirieren und verzieren Sie Ihre Gläser, Flaschen, Dosen oder Schachteln ganz individuell mit den liebevoll gestalteten Etiketten und Stickern.

- Mit Rezepten aus der Sendung, die sich bestens als Geschenke und kleine Mitbringsel eignen
- Passend dazu Ideen zum Verpacken und Verzieren von Gläsern und Flaschen, in denen sie verschenkt werden
- Inklusive 200 handgezeichneten Etiketten und Stickern, illustriert von Mädchenkunst, die die selbst gemachten Leckereien zu etwas Besonderem machen

Dieses Buch gehört

Name: ....

Adresse: ....

E-Mail: ....

Telefon: ....

Mobil: ....

Notfallkontakt: ....

Gefunden? Liebe Finderin, lieber Finder, dieses Kalenderbuch begleitet seine Besitzerin/seinen Besitzer mit tollen Gartenideen und leckeren Rezepten durch jeden Tag und wird sehr vermisst! Bitte helfen Sie dabei, es zu ihr/ihm zurückzubringen. Vielen Dank!

Vorwort

Entdecken Sie die Vielfalt heimischer Pflanzen

Mit Kaffee oder Tee blüht auch Ihr Garten

Frische Tomaten, saftige Erdbeeren und duftende Rosen – die Experten und Expertinnen von Kaffee oder Tee zeigen Ihnen, wie Sie Ihren Garten zum Blühen bringen. Erfahren Sie, wie Sie Ihr Obst und Gemüse optimal anbauen und pflegen und wie Sie Ihre Pflanzen am besten versorgen.
Mit hilfreichen Tipps begleitet Sie dieser Kalender durch das Jahr von der Aussaat bis zur Verarbeitung. Hier lernen Sie, wie Sie sich die Arbeit erleichtern, Insekten und andere Nützlinge unterstützen, das Klima schützen und nachhaltig düngen können. Ob Zimmer-, Balkon-, oder Gartenpflanze – die Beiträge der Experten und Expertinnen inspirieren und motivieren zum Pflanzen und Anbauen. Denn das Gärtnern lohnt sich: Frisch geerntetes und selbst angebautes, regionales und saisonales Obst und Gemüse schmecken nicht nur lecker, sondern kommen auch der Umwelt und der Ernährung zugute.
Fragen Sie sich auch, welches Gemüse sich am besten für das Hochbeet eignet und was Sie mit Ihrem Gartenlaub machen sollen? Oder möchten Sie wissen, was Sie in den kalten Monaten gut anpflanzen können? Diese Antworten erhalten Sie von den Kaffee oder Tee-Experten und -Expertinnen. Passend zu Ihren Ernteerfolgen finden Sie auf den folgenden Seiten leckere Rezepte zum Nachmachen aus der Kaffee oder Tee-Küche.
Weitere Anregungen zum Kochen, Backen, Gärtnern und Selbermachen stehen Ihnen auf der Kaffee oder Tee-Webseite, in der Kaffee oder Tee-App oder in der täglichen Fernsehsendung bereit. Viel Spaß und gutes Gelingen!

Unsere Saat- und Pflanzempfehlungsliste

Obst		Gemüse	
Apfel	Johannisbeere	Buschbohne	Radiccio
Birne	Kirsche	Butterkohl	Radieschen
Erdbeere	Kornelkirsche	Endivie	Rhabarber
Heidelbeere	Arguta-Kiwi	Kartoffel	Spinat
Herbst-himbeere	Tafeltraube	Kletter-Zucchini	Stangenbohne
		Kohlrabi	Stielmangold
		Kopfsalat	Tomate
		Kürbis	Zuckerhut
		Pastinake	

Garten-Tipps

Heike Boomgaarden, Heiko Hübscher, James Foggin, Volker Kugel, Helmut Tränkle, Peter Berg, Eva Hofmann, Birgit Wonneberger und Carsten Weber begleiten Sie mit ihrem Wissen durchs Jahr.

Gartentagebuch führen

Viele verschiedene Faktoren haben Einfluss auf eine erfolgreiche Ernte und das darauffolgende Gartenjahr. Nutzen Sie das Kalendarium, um Wetter- und Temperatur-Aufzeichnungen zu machen und Boden- und Gießeinflüsse sowie andere Beobachtungen zu notieren. Jeder Garten ist individuell, genau wie Ihr Kalender. Welcher Standort hat sich bewährt? Wie viel Licht brauchen die Pflanzen und wann blühen sie? So können Sie über die Jahre wertvolles Wissen speichern.

Leckere Rezepte

Vom Garten in die Küche: Hier finden Sie leckere Rezepte zu jeder Jahreszeit. Die Köche und Köchinnen aus der Sendung Kaffee oder Tee inspirieren Sie jeden Monat zu neuen Gerichten aus regionalen und saisonalen Produkten, die unglaublich gut schmecken. Lassen Sie sich zum Nachmachen und Genießen anregen!

Bauernregel-Rätsel

Für jeden Monat gibt es die passende Bauernregel – für Sie als Rätsel zum Mitraten: Vervollständigen Sie den Reim. Die Lösung finden Sie am Monatsende. Ob man die gereimten Sätze beim Wort nehmen kann, ist umstritten, aber das Raten macht Spaß. Vielleicht treffen die Vorhersagen doch zu und helfen Ihnen bei der Gartenarbeit.

Mondkalender

- ● Neumond
- ☽ zunehmender Mond
- ○ Vollmond
- ☾ abnehmender Mond

Inhalt

Jahresübersicht 2024 08
Aussaatkalender 10
Januar 20
Februar 28
März 36
April 48
Mai 58
Juni 68
Juli 82
August 92
September 104
Oktober 116
November 126
Dezember 138
Ferien 156
Jahresübersicht 2025 158
Impressum 160

Januar Februar März April Mai Juni Juli August September Oktober November Dezember

Jahresübersicht 2024

Januar

Mo	Di	Mi	Do	Fr	Sa	So
1	2	3	4	5	6	7
8	9	10	11	12	13	14
15	16	17	18	19	20	21
22	23	24	25	26	27	28
29	30	31				

Februar

Mo	Di	Mi	Do	Fr	Sa	So
			1	2	3	4
5	6	7	8	9	10	11
12	13	14	15	16	17	18
19	20	21	22	23	24	25
26	27	28	29			

März

Mo	Di	Mi	Do	Fr	Sa	So
				1	2	3
4	5	6	7	8	9	10
11	12	13	14	15	16	17
18	19	20	21	22	23	24
25	26	27	28	29	30	31

April

Mo	Di	Mi	Do	Fr	Sa	So
1	2	3	4	5	6	7
8	9	10	11	12	13	14
15	16	17	18	19	20	21
22	23	24	25	26	27	28
29	30					

Mai

Mo	Di	Mi	Do	Fr	Sa	So
		1	2	3	4	5
6	7	8	9	10	11	12
13	14	15	16	17	18	19
20	21	22	23	24	25	26
27	28	29	30	31		

Juni

Mo	Di	Mi	Do	Fr	Sa	So
					1	2
3	4	5	6	7	8	9
10	11	12	13	14	15	16
17	18	19	20	21	22	23
24	25	26	27	28	29	30

Juli

Mo	Di	Mi	Do	Fr	Sa	So
1	2	3	4	5	6	7
8	9	10	11	12	13	14
15	16	17	18	19	20	21
22	23	24	25	26	27	28
29	30	31				

August

Mo	Di	Mi	Do	Fr	Sa	So
			1	2	3	4
5	6	7	8	9	10	11
12	13	14	15	16	17	18
19	20	21	22	23	24	25
26	27	28	29	30	31	

September

Mo	Di	Mi	Do	Fr	Sa	So
						1
2	3	4	5	6	7	8
9	10	11	12	13	14	15
16	17	18	19	20	21	22
23	24	25	26	27	28	29
30						

Oktober

Mo	Di	Mi	Do	Fr	Sa	So
	1	2	3	4	5	6
7	8	9	10	11	12	13
14	15	16	17	18	19	20
21	22	23	24	25	26	27
28	29	30	31			

November

Mo	Di	Mi	Do	Fr	Sa	So
				1	2	3
4	5	6	7	8	9	10
11	12	13	14	15	16	17
18	19	20	21	22	23	24
25	26	27	28	29	30	

Dezember

Mo	Di	Mi	Do	Fr	Sa	So
						1
2	3	4	5	6	7	8
9	10	11	12	13	14	15
16	17	18	19	20	21	22
23	24	25	26	27	28	29
30	31					

Aussaatkalender

Gemüse	Anzucht	Direktsaat Freiland	Ernte
Aubergine	März–April (unter Glas)	–	ab Anfang August
Brokkoli	Ende März–Anfang Juli	–	nach 2–3 Monaten
Erbse	–	März–Juni	nach 2–3 Monaten
Grünkohl	Anfang Mai–Ende Juni	–	ab Ende Oktober
Knoblauch	–	–	Oktober–Januar
Kohlrabi frühe, späte	ab Anfang März, April–Juni	–	nach 2–3 Monaten
Kürbis	ab Mitte April	ab Mitte Mai	ab Ende August
Möhre frühe, späte	–	März–Juli, Mai–Juli	nach 3–4 Monaten
Paprika	März–April	–	Juli–August
Radieschen	–	Februar–August	April–September
Rhabarber	–	–	April–Juni

Gemüse	Anzucht	Direktsaat Freiland	Ernte
Rosenkohl	März–April	–	Oktober–Februar
Salatgurke	–	ab Mitte Mai	Juni–September
Spargel, grün	–	–	Mai–Juni
Spinat frühe, späte	–	März–April, August–September	Mai–Juni, September–Oktober
Tomate	März–April	–	August–Oktober
Zucchini	ab Anfang April	ab Mitte Mai	ab Anfang Juli
Zwiebel	–	März–April	Juli–Oktober

Aussaatkalender

Kräuter	Anzucht	Direktsaat Freiland	Ernte
Bärlauch	–	Anfang September–Ende Oktober	März–Juni
Basilikum	März–April	–	Juni–September
Kapuzinerkresse	–	April–Juni	ab Mai
Koriander	–	April/Mai	Mitte Juli–Ende August
Pfefferminze	–	–	Juni–Oktober
Schnittlauch	März/April	April oder August	Mai–November
Thymian	–	April–August	Mai–August

Salat	Anzucht	Direktsaat Freiland	Ernte
Endivie frühe, späte	April–Juni, Juni–Juli	–	Juli–August, September–November
Feldsalat	–	Juli–September	ab November
Kopfsalat	März–Juli	März–Juli	nach 2 Monaten

Obst	Anzucht	Pflanzung	Ernte
Brombeere	–	April/Mai oder Oktober/ November	August–Oktober
Erdbeere	–	Juli/August	Juni/Juli
Heidelbeere	–	März/April oder Oktober/ November	Juli–September
Holunder	–	Herbst/Frühjahr	August–Oktober
Johannisbeere	–	März/April oder Oktober/ November	Juli–August
Süßkirsche	–	Herbst/Frühjahr	Anfang Juni– Ende Juli

Auf gute Nachbarschaft

Nicht alle Pflanzen verstehen sich gut miteinander. Während manche Pflanzen sich gegenseitig in ihrem Ertrag und Wachstum einschränken, beeinflussen andere aufgrund ihrer Stoffwechselprodukte das gegenseitige Gedeihen positiv. Daher ist es wichtig zu wissen, welche Pflanzen nebeneinander gepflanzt werden können und welche nicht. Zum Beispiel fühlen sich Gurken neben Tomaten und Radieschen nicht wohl. Sie sollten lieber neben dem Kopfsalat angesiedelt werden. Es ist sinnvoll, Nutzpflanzen in Mischkulturen anzupflanzen, um die Vorteile guter Nachbarschaft zu nutzen. Unter Mischkultur versteht man den systematischen Anbau von Pflanzen. Indem die Pflanzen in Reihe angesiedelt werden, lässt sich die Gartenfläche optimal nutzen und die Pflanzen begünstigen sich gegenseitig in ihrem Wachstum.

	Gute Nachbarn	Schlechte Nachbarn
Aubergine	Kohlgewächse, Kohlrabi, Kopfsalat, Lauch, Möhre, Petersilie, Sellerie, Spinat	Erbse, Fenchel, Gurke, Kartoffel
Bohne	Bohnenkraut, Erdbeere, Gurke, Kopfsalat, Mangold, Radieschen, Spinat, Zucchini	Erbse, Fenchel, Knoblauch, Lauch, Zwiebel
Fenchel	Erbse, Gurke, Kopfsalat, Radieschen, Schnittlauch, Spinat, Zwiebel	Bohne, Paprika, Tomate
Gurke	Bohne, Erbse, Fenchel, Knoblauch, Kopfsalat, Lauch, Sellerie, Zwiebel	Aubergine, Kartoffel, Radieschen, Tomate
Kartoffel	Bohne, Kapuzinerkresse, Kohlgewächse, Kohlrabi, Spinat	Aubergine, Erbse, Gurke, Kürbis, Tomate, Zwiebel
Knoblauch	Erdbeere, Gurke, Himbeere, Möhre, Rote Bete, Tomate	Bohne, Erbse, Kohlgewächse
Kohlrabi	Bohne, Erbse, Kopfsalat, Rote Bete, Sellerie, Spinat, Tomate	Knoblauch, Zwiebel
Kopfsalat	Dill, Erbse, Gurke, Lauch, Möhre, Kohl, Tomate, Zwiebel	Pastinake, Petersilie, Sellerie

	Gute Nachbarn	Schlechte Nachbarn
Kürbis	Bohne, Mais	Gurke, Kartoffel, Zucchini
Mangold	Kohlgewächse, Möhre, Radieschen	Rote Bete, Spinat
Möhre	Aubergine, Dill, Erbse, Knoblauch, Kopfsalat, Schnittlauch, Tomate	Rote Bete
Radieschen	Aubergine, Bohne, Erdbeere, Kohlrabi, Kopfsalat, Möhre, Spinat, Zwiebel	Gurke, Zucchini
Rote Bete	Bohne, Dill, Fenchel, Knoblauch, Tomate	Kartoffel, Mangold, Spinat
Spinat	Aubergine, Bohne, Erdbeere, Kartoffel, Kohlgewächse, Lauch, Radieschen	Mangold, Rote Bete
Tomate	Bohne, Knoblauch, Kohlgewächse, Kohlrabi, Kopfsalat, Möhre, Paprika, Petersilie, Schnittlauch, Sellerie, Spinat	Erbse, Fenchel, Gurke, Kartoffel
Zucchini	Bohne, Erbse, Kopfsalat, Lauch, Möhre, Petersilie, Rote Bete, Sellerie, Spinat, Zwiebel	Kartoffel, Radieschen
Zwiebel	Bohnenkraut, Erdbeere, Dill, Gurke, Kopfsalat, Möhre, Petersilie, Radieschen, Rote Bete	Bohne, Erbse, Kartoffel, Kohlgewächse

Hinter den Kulissen bei

Die Sendung

Seit über 20 Jahren zählt Kaffee oder Tee zu den beliebtesten und erfolgreichsten Nachmittagssendung im SWR Fernsehen. Täglich begeistert die Sendung die Zuschauer und Zuschauerinnen mit Verbraucherthemen rund um Haushalt, Garten und Gesundheit. Seit dem Jahr 2000 wird Kaffee oder Tee live im SWR Funkhaus in Baden-Baden gedreht. Experten und Expertinnen, Köche und Köchinnen sowie Gäste tragen mit leckeren Rezepten, praktischen Alltagstipps, inspirierenden Dekorations- und Bastelideen sowie Ratschlägen zum Gärtnern zum Erfolg der Sendung bei. Kaffee oder Tee ist montags bis freitags von 16.05 bis 18.00 Uhr im SWR und SR Fernsehen sowie digital zu sehen.

Moderatorinnen und Moderatoren bei Kaffee oder Tee

Evelin König, Martin Seidler, Heike Greis, Jens Hübschen und Fatma Mittler-Solak begleiten Sie wöchentlich wechselnd durch den Nachmittag und geben der Sendung ihren persönlichen Touch.

Jens Hübschen ist ein Genießer, der gutes Essen liebt. Über die Jahre hat er mit Kaffee oder Tee sogar ein bisschen das Kochen gelernt. Die Saarländerin Heike Greis zeichnet sich durch ihren Dialekt aus, der ab und an durchklingt. Sie ist großer Fan der Kaffee oder Tee-App, mit der sie die Rezepte aus der Sendung zuhause nachkocht. Evelin König ist als Liebhaberin von Kaffee und Tee die perfekte Moderatorin für die Sendung und genießt es, Zeit im Freien zu verbringen. Für Martin Seidler, der Kaffee oder Tee schon seit der ersten Folge prägt, beginnt jeder Tag mit einem Kaffee. Seit Anfang 2023 ist auch Fatma Mittler-Solak wieder als Moderatorin in der Sendung zu sehen. Die Journalistin ist Mama von drei Kindern. Zeit zum Abschalten findet sie in Cafés, aber auch im TV-Studio!

Das sehen Sie in Kaffee oder Tee

Der Kaffee oder Tee-Garten ist der blühende Schauplatz der Sendung für alle Themen rund ums Säen, Gießen und Ernten. Über das Jahr verfolgen die Zuschauer und Zuschauerinnen, wie sich der triste, verschneite Garten in einen bunt blühenden und ertragreichen Ort verwandelt. Dank der Tipps der Experten und Expertinnen können Sie auch Ihren eigenen Garten zum Blühen bringen. Mit dem geernteten Obst und Gemüse geht es dann in die Kaffee oder Tee-Küche. Dort werden die regionalen und saisonalen Zutaten in leckere Gerichte verwandelt. Auch für die kreativen Köpfe unter den Zuschauern und Zuschauerinnen wird etwas geboten, denn Ideen zum Selbermachen und Dekorieren sind fester Bestandteil der Sendung. Des Weiteren können Sie von den Experten und Expertinnen Neues über Gesundheit, Schönheit, Haushalt, Finanzen und Recht erfahren. Und zum Schluss ist Ihr Einsatz beim Kaffee oder Tee-Quiz gefragt. Kaffee oder Tee informiert Sie über regionale Nachrichten, Servicethemen, Musik, Promiklatsch und hält Sie immer auf dem Laufenden über Ihre Heimat.

Die Kaffee oder Tee-App: Einkaufen und Kochen leicht gemacht

Mit der Kaffee oder Tee-App bekommen Sie wöchentlich neue Rezepte aus der Sendung auf Ihr Smartphone oder Tablet – mit Videoanleitung. Außerdem können Sie sich in der App die Einkaufsliste anzeigen lassen oder Genuss-Events mit Ihren Freunden und Freundinnen planen. Oder möchten Sie Ihre Heimat erkunden? Auch hier hilft die App mit Ausflugstipps in der Region weiter.

Das bringt Ihnen unsere App

- Entdecken Sie die neuesten Rezepte und wechselnde Rezeptsammlungen direkt auf der Startseite
- Nutzen Sie die praktische Rezeptsuche, um alle Rezepte Ihres Lieblingskochs oder Ihrer Lieblingsköchin zu finden oder Ihr Lieblingsessen zuzubereiten
- Lassen Sie sich die Zutatenmenge je nach Personenanzahl berechnen
- Speichern Sie Ihre Lieblingsrezepte in Ihrem persönlichen Rezeptbuch
- Informieren Sie sich über Ausflugsziele in Ihrer Region und erkunden Sie Ihre Heimat
- Laden Sie Ihre eigenen Tipps hoch und teilen Sie sie mit anderen Nutzern und Nutzerinnen
- Erleichtern Sie sich Ihren Alltag mit den Tipps und Tricks der Experten und Expertinnen

Die kostenlose App zur Sendung gibt es für Android und iOS!

Januar

Neujahr

Montag 1

Dienstag 2

Mittwoch 3

Donnerstag 4

Freitag 5

Hl. Drei Könige

Samstag 6

Sonntag 7

Zu erledigen

Bauernregel

Ein Januar ganz
ohne ....
tut Bäumen,
Bergen, Tälern
weh.

Garten-Werkzeuge frühlingsfit machen

Garten-Tipp

Volker Kugel

In ein paar Wochen geht die Gartensaison wieder los: Zeit die Gartenwerkzeuge zu reinigen!

Mit der Rebschere werden dünnere Äste geschnitten, Stauden gestutzt und Rosen in Form gebracht. Regelmäßiges Schärfen mit dem Diamantschleifer verhindert, dass das Werkzeug so unscharf wird, dass es professionell nachgeschliffen werden muss. Ein Messer eignet sich im Garten, um Wurzeln zu durchtrennen, Schnüre abzuschneiden oder Gartenvlies zurechtzuschneiden. Es kann mit einem Schleifmesser wie in der Küche geschärft werden. Die große Astschere lässt sich am besten mit einem Stahlschwamm reinigen. Ein Spaten kann bei hartnäckigem Schmutz mit einer Drahtbürste oder Schmirgelpapier gesäubert werden.

Die Symbolik der Blumen

Pflanzen-Tipp

Die Sprache der Blumen ist eine indirekte Mitteilungsform von Gefühlen und Gedanken. Damit Sie Ihre geheimen Botschaften auch treffsicher übermitteln, hier einige Tipps!

Die Rose verkörpert innige Liebe. Die Tulpe steht für gute Laune und fröhliche Ausgelassenheit. Die zierlichen Freesien versprechen viel Zeit für zärtliche Stunden. Die Edel-Nelke bezeugt Modebewusstsein. Das Vergissmeinnicht ist die Blume der romantischen Treue. Goldgelbe Narzissen sind ein Glückssymbol in der chinesischen Kultur und werden auch in der orientalischen Kultur geschätzt. Exotische Orchideen symbolisieren tropische Schönheit und sinnliche Ausstrahlung.

Montag 8

Dienstag 9

Mittwoch 10

Donnerstag 11

Freitag 12

Samstag 13

Sonntag 14

Zu erledigen

☐

☐

☐

KW 2 Januar

KAFFEE ODER TEE SWR

Rote-Bete-Spaghetti

30 Minuten

von Martin Gehrlein

Für 4 Portionen

Zutaten

Für die Rote-Bete-Spaghetti

- 400 g Rote Bete
- 3 EL Rapsöl
- etwas Salz
- etwas Pfeffer
- 2 EL Balsamessig

Für den Meerrettichschmand

- 200 g Schmand
- 2 TL Meerrettich, aus dem Glas
- etwas Salz
- etwas Pfeffer
- ½ Bio-Zitrone, Saft und Abrieb

Für die Forelle

- 600 g Lachsforellenfilets
- etwas Salz
- etwas Pfeffer
- 50 g Mehl
- 2 Stiele Thymian
- 5 EL Rapsöl

Zubereitung

1. Die Rote Bete putzen, waschen, schälen und mit dem Spiralschneider in Spaghetti schneiden. Dabei am besten Einweghandschuhe tragen, da die Knollen stark abfärben! Alternativ die Knollen mit dem Sparschäler rundum in breite Streifen schneiden oder auf der Gemüsereibe in feine Streifen raspeln.
2. Schmand, Meerrettich, Salz, Pfeffer, Zitronensaft und ca. 1 TL Zitronenschale verrühren und abschmecken. Bis zum Servieren kühl stellen.

3. Öl in einer Pfanne erhitzen. Die Rote-Bete-Spaghetti darin bei mittlerer Hitze ca. 2–3 Minuten kurz garen. Sie sollten noch Biss haben. Mit Salz, Pfeffer und Balsamessig würzen und nochmals kurz schwenken. Rote-Bete-Spaghetti vom Herd nehmen und warmhalten.
4. Den Fisch abbrausen und trockentupfen. Das Mehl auf einen Teller geben.
5. Fischfilets mit Salz und Pfeffer würzen. Die Filets im Mehl wenden. Überschüssiges Mehl abklopfen.
6. Thymian grob zerzupfen. Rapsöl in einer Pfanne erhitzen. Thymian zugeben. Filets erst auf der Hautseite, dann auf der Fleischseite ca. 2–3 Minuten braten, bis der Fisch innen noch leicht glasig ist.
7. Fisch, Spaghetti und Meerrettichschmand anrichten und servieren.

Zu erledigen

15 Montag

16 Dienstag

17 Mittwoch

18 Donnerstag

19 Freitag

20 Samstag

21 Sonntag

Montag 22

Dienstag 23

Mittwoch 24

Donnerstag 25

Freitag 26

Samstag 27

Sonntag 28

Zu erledigen

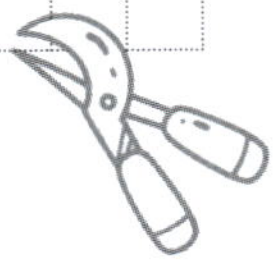

Auflösung

Ein Januar ganz ohne Schnee tut Bäumen, Bergen, Tälern weh.

Februar

Montag 29

Dienstag 30

Mittwoch 31

Donnerstag 1

Freitag 2

Samstag 3

Sonntag 4

Zu erledigen

KW 5
Februar

KAFFEE ODER TEE SWR»

Bauernregel

Februar mit Frost und .... macht die Ostertage lind.

Wilde Brombeeren im Garten in Schach halten

Garten-Tipp

Helmut Tränkle

Zum Arbeiten mit Wilden Brombeeren braucht man gute Handschuhe, feste Arbeitsschuhe und eine robuste Arbeitshose. Kleine Triebe können mit sehr dichten Handschuhen und Hacke gut entfernt werden. Bei einer Hecke hilft ein Freischneider mit Dickichtmesser. Das gerodete Material gleich auf einer Plane zusammentragen und zum Kompostplatz bringen. Das Häckseln von Brombeerranken ist sehr mühsam. Auf der freien Fläche werden wieder Triebe kommen, die man mit einem Rasenmäher mehrmals im Jahr mäht. Eine dichte Bepflanzung mit Gehölzen und großen Stauden, die gut eingewachsen sind, halten Brombeeren erstmal fern.

Grapefruit – ein Kick fürs Immunsystem

Eine Grapefruit enthält viele wertvolle Inhaltsstoffe, die unser Immunsystem in Schwung bringen.
Essen Sie am besten jeden Tag eine Grapefruit. Sie enthält neben Vitamin C vor allem Lycopin, Bitterstoffe, Pektin und Kalium. Greifen Sie beim Kauf von Zitrusfrüchten jeglicher Art am besten zu Bio-Früchten. Konventionelle Früchte werden nach der Ernte sehr stark mit Pflanzenschutzmitteln behandelt und mit Wachs überzogen, damit sie nicht so schnell schimmeln und austrocknen. Diese Früchte sollten Sie gut waschen und sich nach dem Schälen die Hände waschen, um die Pestizide nicht ans Fruchtfleisch zu bringen. Grapefruits enthalten einen Stoff namens Naringin, der die Wirkung einiger Medikamente beeinflusst.

Zu erledigen

KW 6
Februar

Montag 5

Dienstag 6

Mittwoch 7

Donnerstag 8

Freitag 9

Samstag 10

Sonntag 11

- [ ]
- [ ]
- [ ]

Veganer Käsekuchen

von Stina Spiegelberg

Für 10 Stücke

Zutaten

Für den Mürbeteig

- 300 g Weizenmehl, Type 550
- 150 g Pflanzenmargarine
- 50 g Zucker
- 80 ml Haferdrink

Für die Füllung

- 150 g Pflanzenmargarine, weich
- 70 g Speisestärke
- 250 g Zucker
- 800 g veganer Quark, ungesüßt
- 300 g veganer Frischkäse
- 2 EL Mandeln, blanchiert und gemahlen
- 1 TL Backpulver
- 1 Bio-Zitrone, Abrieb
- ¼ TL Vanille, gemahlen
- ¼ TL Salz

Außerdem

- Springform, ø 24 cm

Zubereitung

1. Den Backofen auf 180°C (Ober- und Unterhitze) vorheizen. Die Springform einfetten.
2. In einer Schüssel Mehl, Margarine, Zucker und Haferdrink mit der Gabel, dann mit den Händen zu einem geschmeidigen Teig kneten. Den Teig in die Springform drücken. Dabei einen 6–7 cm hohen Rand bilden. Den Teigboden mehrmals mit der Gabel einstechen.
3. Margarine mit Speisestärke, Zucker und 3–4 Esslöffeln Quark glattrühren. Dann den restlichen Quark und Frischkäse, Mandeln, Backpulver, Zitronenabrieb, Vanille und Salz hinzugeben und verrühren.
4. Die Käsefüllung auf den Mürbeteig geben und glattstreichen.
5. Käsekuchen im vorgeheizten Backofen ca. 75 Minuten backen und im ausgeschalteten Ofen abkühlen lassen.

Rosenmontag

Montag 12

Fastnacht

Dienstag 13

Aschermittwoch
Valentinstag

Mittwoch 14

Donnerstag 15

Freitag 16

Samstag 17

Sonntag 18

Zu erledigen

☐

☐

☐

Nuss-Espresso-Kuchen

von Stefanie Biedermann

Für 14 Stücke

Zutaten

Für den Kuchen

- 10 g Butter, weich
- 125 g Zucker
- 2 TL Vanillezucker
- 4 Eier, Größe M
- 150 g Magerquark
- 100 ml Espresso, kalt
- 100 g Weizenmehl, Type 405
- 1 TL Backpulver
- 200 g Haselnüsse, gemahlen
- 50 g Schokolade, geraspelt

Außerdem

- Kastenform, 25 cm x 11 cm
- 100 g Nüsse, gemischt, z.B. Haselnüsse, Walnüsse, Pecannüsse
- 50 g Honig
- 1 Prise Salz

Zubereitung

1. Den Backofen auf 180°C (Ober- und Unterhitze) vorheizen und die Kastenform einfetten.
2. Weiche Butter, Zucker und Vanillezucker in einer Schüssel schaumig schlagen, Eier nacheinander dazugeben und weiter schaumig schlagen. Magerquark und Espresso dazugeben. Mehl und Backpulver mischen, sieben und mit den gemahlenen Haselnüssen unter die Masse rühren.
3. Den Rührteig halbieren. In eine Hälfte des Teigs die Schokoraspeln rühren. Die Hälfte der zweiten Hälfte in die vorbereitete Kastenform geben. Den Schokoraspel-Teig darauf geben und mit dem übrigen hellen Teig abschließen.
4. Kuchen im vorgeheizten Backofen 30 Minuten anbacken.
5. Die gemischten Nüsse grob hacken und in einer Schüssel mit Honig und Salz mischen.
6. Nach 30 Minuten den Kuchen aus dem Backofen nehmen, den Nuss-Mix gleichmäßig auf den Kuchen streuen und ca. 30 Minuten backen.
7. Kuchen auskühlen lassen und dann aus der Form lösen.

Montag 19

Dienstag 20

Mittwoch 21

Donnerstag 22

Freitag 23

Samstag 24

Sonntag 25

Zu erledigen

KW 8
Februar

Auflösung

Februar mit Frost und Wind macht die Ostertage lind.

März

Montag 26

Dienstag 27

Mittwoch 28

Donnerstag 29

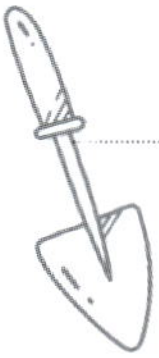

Freitag 1

Samstag 2

Sonntag 3

Zu erledigen

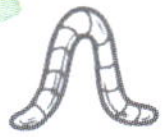

KW 9 März

KAFFEE ODER TEE

Bauernregel

Siehst du im .... gelbe Blumen im Freien, magst du getrost deinen Samen streuen.

Die perfekten Zimmerpflanzen fürs Homeoffice

Pflanzen-Tipp

Dorothee Palla dos Santos

Zimmerpflanzen machen den Schreibtischplatz nicht nur schöner, sie können auch förderlich für die Konzentration sein und für bessere Luft sorgen. Mini-Sukkulenten brauchen wenig Platz und sind pflegeleicht. Für sonnige Fensterbänke eignet sich die Aloe Vera. Sie braucht kaum Wasser und sorgt für ein gutes Raumklima, indem sie Sauerstoff produziert und Schadstoffe aus der Luft filtert. Die pflegeleichte Ufopflanze mag helles indirektes Licht an einem Ost- oder Westfenster. Der Bogenhanf gehört zu den unverwüstlichen Zimmerpflanzen und sorgt für gute Luft im Zimmer. Für Nordzimmer bietet sich auch das Einblatt an, das Schadstoffe aus der Raumluft filtern kann. Die Goldfruchtpalme kann bis zu 2 m groß werden, ist gut für die Raumluft und mag es richtig hell, aber keine direkte Sonne.

So legen Sie ein Frühbeet richtig an

Garten-Tipp

Was gibt es Schöneres, als das eigene Gemüse beim Wachsen zu beobachten?
Kresse, Rauke, Radieschen, Spinat, Kohlrabi und Blattsalate wachsen schnell, sodass bereits nach wenigen Wochen geerntet werden kann. Für ein zügiges Wachstum brauchen die Pflanzen ausreichend Licht. Warten Sie mit der Saat unbedingt ab, bis sich der Boden auf mindestens 5 °C erwärmt hat. Auf der warmen Fensterbank kann man die Aussaat auch vorziehen und anschließend ins Frühbeet wechseln. Die Wohnräume sind meist zu warm, um die genannten Gemüse bis zur Ernte zu führen. Das Gießen im Frühbeet muss den Bedürfnissen der Pflanzen sowie der Witterung angepasst werden. Auf jeden Fall sollten Sie vermeiden, zu viel zu gießen.

Montag 4

Dienstag 5

Mittwoch 6

Donnerstag 7

Freitag 8

Samstag 9

Sonntag 10

Zu erledigen

- [ ]
- [ ]
- [ ]

Blühende Hecken im Garten

Garten-Tipp

Heike Boomgaarden

Eine Hecke aus blühenden Gehölzen ist eine Freude in jedem Garten. Die Forsythie ist ein beliebter Zierstrauch. Ihre Blüten sind manchmal schon Ende Februar zu sehen. Leider sind sie für Bienen und Insekten nicht nützlich. Die Mahonie ist eine Alternative zur Forsythie. Sie bringt auch frühe, gelbe Blüten, die eine wichtige Futterquelle darstellen. Die Mahonie wächst langsam und selten über 150 cm hinaus. Die Deutzie erfreut ab Mai mit weißen Blüten. Die Kolkwitzie ist ein zartrosa blühender Zierstrauch, der vom Spätfrühling bis in den Juni hinein blüht. Sie mag es sonnig, blüht aber auch im Halbschatten und ist sehr robust. Der Winterschneeball „Viburnum bodnantense" blüht im Winter.

Süße Popcorn-Variation

von Lisa Rudiger

So geht's

30 g Kokosfett mit 1 EL Zucker in einen Topf geben und schmelzen lassen. Dann 50 g Popcorn-Mais hinzugeben, den Deckel verschließen und den Mais in 3–5 Minuten aufpoppen lassen. Den Topf mit Deckel dabei zwischendurch schütteln, damit das Popcorn nicht anbrennt. Das Popcorn auf einem Backblech verteilen und abkühlen lassen. 100 g Pistazien hacken. Ca. 32 g weiße Schokolade über einem Wasserbad schmelzen, vom Wasserbad nehmen und weitere 18 g Schokolade unterrühren und schmelzen lassen. Popcorn mit weißer Schokolade mischen und etwas anziehen lassen. Dann Limettenabrieb und gehackte Pistazien darüber verteilen.

Montag 11

Dienstag 12

Mittwoch 13

Donnerstag 14

Freitag 15

Samstag 16

Sonntag 17

Zu erledigen

☐

☐

☐

KW 11
März

KAFFEE ODER TEE SWR

Aufstrich mit Kidneybohnen und Räuchertofu

von Sabrina Dürr

So geht's

Dieser Aufstrich schmeckt ein bisschen wie Leberwurst, ist aber vegetarisch. Er besteht aus Kidneybohnen und Räuchertofu. Einfach mal ausprobieren! 1 Zwiebel und 1 Knoblauchzehe klein schneiden und in der Pfanne mit 1 EL Olivenöl glasig dünsten. Wer mag, kann Zwiebel und Knoblauch auch roh lassen und fein würfeln. 2 EL getrockneten Majoran dazugeben. 175 g Räuchertofu würfeln. Inhalt von 1 Dose Kidneybohnen abspülen, abtropfen lassen und mit dem Räuchertofu, 2 EL frisch gehackter Petersilie und etwas Pimentpulver zu den Zwiebeln geben. Alles pürieren und mit Salz und Pfeffer abschmecken, fertig!

Salat richtig setzen

Garten-Tipp

Peter Berg

Salatkulturen wachsen auch wunderbar im Balkonkasten. Als Flachwurzler sind sie auch in Gefäßen mit geringem Wurzelraum zufrieden. Je nach Witterung können Sie nach 35–60 Tagen ernten; bei Pflücksalat früher, da einzelne Blätter nach Bedarf geerntet werden. Beim Pflanzen ist das Ziehen einer Reihe Voraussetzung für eine gerade Pflanzlinie. So können Sie die Jungpflanzen mit gleichmäßigem Abstand in die Erde bringen. Zwischen den Setzlingen etwa 30 cm Abstand (15 cm bei Schnittsalaten) und 30 cm Reihenabstand lassen. Die Setzlinge in Presstöpfen nicht bis zum „Hals" einpflanzen, sondern nur etwa zur halben Höhe. Das „Herz" des Salates wächst so über der Erde und trocknet schneller ab. So können Sie Fäulnisbefall vorbeugen.

Montag 18

Dienstag 19

Frühlingsbeginn

Mittwoch 20

Donnerstag 21

Freitag 22

Samstag 23

Palmsonntag

Sonntag 24

Zu erledigen

- [ ]
- [ ]
- [ ]

KW 12
März

Spinatlasagne

von Caroline Authenrieth

1 Stunde

Für 4 Portionen

Zutaten

Für den Spinat

- 800 g Spinat, frisch (alternativ: 400 g TK-Spinat)
- 8 Blätter Bärlauch
- etwas Salz
- etwas Pfeffer

Für die Béchamelsoße

- 3 Stangen Frühlingslauch
- 3 EL Butter
- 3 EL Mehl
- 550 ml Milch oder Sahne
- 80 g Parmesan, gerieben
- etwas Salz
- etwas Zucker
- etwas Kurkuma
- 1 Bio-Zitrone, Saft und 1 TL Abrieb

Außerdem

- 12 Lasagneplatten, ohne Vorkochen (alternativ: frischer Nudelteig, aus dem Kühlregal)
- 1 EL Öl
- 1 Kugel Mozzarella, ca. 125 g

Zubereitung

1. Spinat und Bärlauch verlesen, abbrausen und trockenschütteln. Bärlauch fein schneiden.
2. Spinat in kochendem Salzwasser ca. 30 Sekunden blanchieren, herausnehmen, kalt abbrausen und abtropfen lassen. Kurz abkühlen lassen, ausdrücken und grob hacken.
3. Frühlingslauch putzen und fein schneiden. Butter in einem Topf erhitzen. Frühlingslauch darin andünsten. Mehl darüber stäuben und kurz andünsten. Milch nach und nach unterrühren, aufkochen und etwa 5 Minuten köcheln lassen.

4. Spinat, Bärlauch und die Hälfte Parmesan unter die Soße rühren und schmelzen. Mit Salz, Zucker, Kurkuma, Zitronensaft und -schale abschmecken.
5. Backofen auf 175 °C (Ober- und Unterhitze) vorheizen. Eine Auflaufform einfetten.
6. Mozzarella in kleine Würfel schneiden.
7. Abwechselnd Lasagneblätter, Spinat-Béchamelsoße und Mozzarella in die vorbereitete Form schichten. Mit Lasagneblättern, Béchamelsoße und etwas Mozzarella abschließen.
8. Übrigen Parmesan auf der Béchamelsoße verteilen.
9. Lasagne in der Ofenmitte ca. 30–40 Minuten goldbraun backen, herausnehmen, kurz ruhen lassen und sofort servieren.

Eierlikör-Cupcakes

1 Stunde

von Susanna Rupp

Für 12 Stück

Zutaten

Für den Teig

- 150 g Butter
- 350 g Zucker
- ½ TL Vanille, 4 g
- 2 Eier, Größe M
- 200 ml Eierlikör
- 50 ml Milch
- 300 g Weizenmehl, Type 405
- 3 TL Backpulver, 10 g
- 100 g Zartbitterschokolade, gehackt

Für die Garnierung

- 350 g Puderzucker
- 120 g Butter
- 125 g Eierlikör
- 50 g Zartbitterschokolade, gehobelt

Außerdem

- Muffinblech mit 12 Mulden
- Spritzbeutel mit Lochtülle

Zubereitung

1. Backofen auf 180 °C (Ober- und Unterhitze) vorheizen. Muffinform mit Butter fetten.
2. Butter mit Zucker und Vanille cremig aufschlagen. Eier nacheinander zugeben und gut unterrühren. Eierlikör und Milch langsam hinzufügen und unterrühren.
3. Mehl mit Backpulver vermischen, sieben und mit der gehackten Schokolade unter die Eiermasse rühren. Den Teig in die Mulden verteilen. Muffins im vorgeheizten Backofen ca. 20 Minuten auf der mittleren Schiene backen. Herausnehmen, auf einem Kuchengitter abkühlen lassen und aus den Formen stürzen.
4. Butter mit Puderzucker cremig aufschlagen. 70 ml Eierlikör nach und nach unterrühren.
5. Die Buttercreme in den Spritzbeutel füllen und dekorativ auf die Muffins spritzen. Mit einem Löffel jeweils ein Loch in die Mitte der Creme drücken. Mulden mit dem übrigen Eierlikör füllen.
6. Die Muffins vor dem Servieren mit den Schokospänen bestreuen.

Montag 25

Dienstag 26

Mittwoch 27

Gründonnerstag

Donnerstag 28

Karfreitag

Freitag 29

Samstag 30

Beginn der Sommerzeit
Ostersonntag

Sonntag 31

Zu erledigen

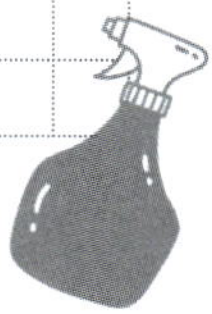

KW 13
März

Auflösung

Siehst du im März gelbe Blumen im Freien, magst du getrost deinen Samen streuen.

April

Ostermontag

Montag 1

Dienstag 2

Mittwoch 3

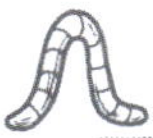

Donnerstag 4

Freitag 5

Samstag 6

Sonntag 7

Zu erledigen

KW 14
April

Bauernregel

Wenn der April bläst in sein Horn, so steht es gut um Heu und ....

Sandarium für erdnistende Wildbienen

Projekt-Tipp

Carsten Weber

Dreiviertel der heimischen Wildbienenarten nisten im Boden! Ein Sandarium bietet diesen einen geeigneten Nistplatz. Hauptbestandteil eines Sandariums ist ungewaschener Sand, in dem Tonteilchen enthalten sind. Diesen bekommt man am ehesten bei Kieswerken an Baggerseen.

So geht's

Einen vollsonnigen Platz auswählen und eine Fläche von mind. 40 cm × 40 cm auf 40–50 cm Tiefe ausheben. Je größer die Fläche ist, umso besser wird sie oftmals angenommen. Ist es ein lehmhaltiger Boden, eine Drainageschicht mit Kies oder Tonscherben einfüllen, damit der Sand nicht im Wasser steht. Den ungewaschenen Sand einfüllen und etwas anklopfen, um ihn zu verdichten. Oben sollte ein Hügel oder eine Schräge entstehen, damit das Regenwasser ablaufen kann. Totholz und insektenfreundliche Kräuter an den Rändern liefern den Wildbienen Futter und Holz zum Verschließen der Brutkammern.

Sogar auf dem Balkon können Sie erdnistende Wildbienen unterstützen. In einer möglichst tiefen Schale oder (Zink-) Wanne, die im Boden Löcher hat, damit das Regenwasser ablaufen kann, den ungewaschenen Sand einfüllen. Am besten nur sehr spärlich bepflanzen.

Montag 8

Dienstag 9

Mittwoch 10

Donnerstag 11

Freitag 12

Samstag 13

Sonntag 14

Zu erledigen

- [ ]
- [ ]
- [ ]

KW 15
April

KAFFEE ODER TEE

Crazy Berry

von Natalie Lumpp

So geht's

2–3 Blatt Gelatine in kaltem Wasser einweichen. Frische Erdbeeren, Blaubeeren, Heidelbeeren, Himbeeren oder Brombeeren waschen und in einer Eiswürfelform verteilen. 150 ml Johannisbeersaft in einen Topf geben, eingeweichte Gelatine ausdrücken und dazu geben. Unter Rühren so lange aufkochen, bis sich die Gelatine aufgelöst hat. Die Eiswürfelformen damit auffüllen, abkühlen lassen und mind. 4 Stunden gelieren lassen.

200 ml Beerentonic mit etwas Johannisbeersirup in ein Glas geben, Saft einer halben Limette und die Beereneiswürfel hinzugeben und genießen.

Brot als leckere Beilage

Für die meisten gehört ein Stück Baguette oder Ciabatta zu einem Grillabend dazu. Ein einfaches Brot zum Grillen – zum Beispiel ein Fladenbrot aus der Pfanne – ist sehr schnell selbst gemacht und schmeckt lecker. Brot zum Aufbacken aus dem Supermarkt hat immer eine lange Zutatenliste. Produkte, die mit den Grundzutaten auskommen, finden Sie mit etwas Recherche online. Bei den Kräuterbaguettes gibt es keine empfehlenswerten Produkte. Kaufen Sie ein Brot ohne Zusatzstoffe und bestreichen Sie es selbst mit Kräuterbutter. Es ist keineswegs so, dass alle Bäcker und Bäckerinnen auf Zusätze verzichten. Manche backen mit Fertigmischungen, die genauso viele Zusätze enthalten wie Industriebrot. Rechnen Sie beim Grillen mit 100 g Brot pro Person. Sollte es ausschließlich Brot als Beilage geben, rechnen Sie 200 g pro Person.

D

Montag 15

Dienstag 16

Mittwoch 17

Donnerstag 18

Freitag 19

Samstag 20

Sonntag 21

Zu erledigen

☐

☐

☐

KW 16
April

KAFFEE ODER TEE SWR

Oster-Muffins im Topf

von Lisa Rudiger

1 Stunde

Für 18 Stück

Zutaten

Für den Kuchenteig

- 40 g Butter
- 40 g Zucker
- ½ Pck. Vanillezucker
- 3 Eigelb, Größe M
- 100 g Mandeln, gemahlen
- ½ TL Backpulver, glutenfrei
- 100 g Möhren, geschält und fein geraspelt
- 25 g Zartbitterschokolade, geraspelt
- 3 Eiweiß, Größe M

Für die Dekoration

- 100 g Marzipanrohmasse
- etwas Lebensmittelfarbe, orange
- 2–3 Stängel Dill, frisch
- 50 g Puderzucker
- 3 EL Zitronensaft
- 20 g Zartbitterschokolade, geraspelt

Außerdem

- 6 Ton- oder Terrakottatöpfe, ø 5 cm, 7 cm hoch
- 12 Waffelbecher, innen schokoliert

Zubereitung

1. Den Backofen auf 175 °C (Ober- und Unterhitze) vorheizen. Die Töpfe gut ausspülen, innen einfetten und den Boden mit Backpapier auslegen. Für einen guten Halt die Töpfe in eine Muffinform stellen.
2. Butter schaumig schlagen. Zucker und Vanillezucker nach und nach unterrühren. Eigelb kurz verquirlen und ebenfalls unter die Buttermasse rühren.
3. Mandeln mit Backpulver und Möhrenraspeln mischen und mit der Schokolade unter die Buttermasse heben.

4. Eiweiß steif schlagen und unter die Butter-Mandelmasse heben.
5. Teig in die vorbereiteten Töpfe und die Waffelbecher füllen und diese im vorgeheizten Backofen ca. 20 Minuten backen. Danach abkühlen lassen.
6. Marzipan orange einfärben und 18 kleine Möhren daraus formen. Jeweils einen Zweig Dill als Möhrengrün mittig oben in jede Marzipanmöhre stecken.
7. Puderzucker mit dem Zitronensaft glattrühren und die Muffins im Topf und in den Waffelbechern damit bestreichen. Oster-Muffins mit Schokolade und Marzipanmöhren dekorieren.

Weniger Arbeit im Garten

Garten-Tipp

Heiko Hübscher

1. Das flache Durchharken wird nach dem Regen empfohlen, um die Wasserverdunstung zu verringern. Durch das Harken werden jedoch auch Unkrautsamen im Boden an eine günstige Position gebracht, um zu keimen. Daher gilt: Weniger ist mehr.
2. Ein ausgewogener Dünger enthält Stickstoff (Wachstum), Phosphor (Blüte und Samenbildung) und Kali (Gesundheit) im Verhältnis von 8 % Stickstoff, 4 % Phosphor und 5 % Kali. Mit diesem Dünger können Sie Rosen, Rasen und sonstige Gehölze düngen, aber keine Pflanzen, die auf sauren Boden angewiesen sind.
3. Die Robustheit ist bei der Sortenwahl der Rosen extrem wichtig. Eine gute Orientierungshilfe bietet z. B. das ADR-Siegel.

Bewässerungskalender von Mai bis August

In den wärmeren Monaten müssen die Pflanzen regelmäßig gegossen werden. Insbesondere in regenarmen, trockenen Zeiten dürfen Sie die Bewässerung nicht vergessen. Ab Mai finden Sie in Ihrem Kalendarium eine Erinnerungshilfe, damit Ihre Pflanzen gut durch die Sommermonate kommen und Sie den Überblick behalten. Mithilfe der vorgedruckten Gießkannen können Sie sich notieren, wann Sie gegossen haben oder gießen müssen.

Zu erledigen

Montag 22

Dienstag 23

Mittwoch 24

Donnerstag 25

Freitag 26

Samstag 27

Sonntag 28

KW 17
April

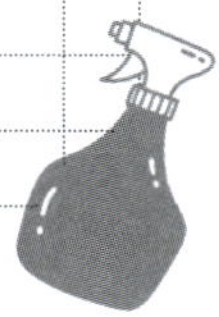

Auflösung

Wenn der April bläst in sein Horn, so steht es gut um Heu und Korn.

Mai

Montag 29

Dienstag 30

Tag der Arbeit

Mittwoch 1

Donnerstag 2

Freitag 3

Samstag 4

Sonntag 5

Zu erledigen

Bauernregel

Mairegen bringt

....

Das Indianerbeet

Garten-Tipp

Heike Boomgaarden

Das Trio aus Stangenbohnen, Mais und Kürbis nennt man auch Indianerbeet bzw. Milpa-Beet, denn es haben schon vor Jahrhunderten die Indianer angebaut. Sie haben den Vorteil erkannt, trotz geringer Pflege durch einen fruchtbaren Boden ein starkes Wachstum und einen hohen Ernteertrag erreichen zu können. Der Mais ist das Klettergerüst für die Bohnen. Mais ist ein Starkzehrer und freut sich über die Knöllchen-Bakterien der Bohnen. Der Kürbis ist mit seinen großen Blättern ein idealer Bodenbeschatter und hält die Feuchtigkeit im Boden. Zusammen sind sie unschlagbar, zumal man sie nach der Ernte zusammen zu einem Eintopf verarbeiten kann. Die Kombination eignet sich auch gut für die Aussaat im Hochbeet.

Für eine üppige Blüte im Sommer

Pflanzen-Tipp

Heike Boomgaarden

Im Frühling haben die alten Blütenstände der Stauden als Überwinterungsmöglichkeiten für Insekten ausgedient. Schneiden Sie das Verdorrte mit einer sauberen, scharfen Gartenschere ab. So verhindern Sie Pilzkrankheiten und fördern einen üppigen Wuchs. Ausladende Stauden können Sie teilen, indem Sie sie mit einem sauberen, guten Spaten in der Mitte durchstechen, eine der beiden Hälften ausgraben und an einer anderen Stelle neu einpflanzen. Dadurch wird die Regeneration und Blühfreudigkeit angeregt. Narzissen, Tulpen und Co. sind jetzt größtenteils verblüht. Damit sie auch im nächsten Frühling wieder in voller Schönheit erstrahlen, sollten Sie sie noch nicht abschneiden, sondern stehen lassen. Die Blätter der Pflanze liefern der Zwiebel bis zum Verwelken Energie, mit deren Hilfe sie gut über den Winter kommt. Die abgeblühten Blütenstände entziehen der Pflanze jedoch Kraft und sollten entfernt werden.

Montag 6

Dienstag 7

Mittwoch 8

Christi Himmelfahrt Donnerstag 9

Freitag 10

Beginn Eisheilige Samstag 11

Muttertag Sonntag 12

Zu erledigen

KW 19
Mai

KAFFEE ODER TEE

Zucchini-Feta-Päckchen vom Grill

von Dr. Stefanie Ackermann

Für 2 Portionen

Zutaten

- 1 Handvoll Minzeblätter, frisch
- ½ Bio-Zitrone, heiß abgewaschen
- Olivenöl
- Salz
- 200 g Feta
- 2 Zucchini, mittelgroß, à ca. 200 g
- 1 Knoblauchzehe
- Zahnstocher

Zubereitung

1. Zahnstocher ca. 20–30 Minuten in Wasser einweichen.
2. Minzeblätter waschen, trockentupfen und fein hacken. Die Schale der Zitronenhälfte fein abreiben und Zitrone auspressen. Zitronenabrieb mit 2 EL Olivenöl, der Hälfte der Minze, etwas Salz und optional Chiliflocken vermengen.
3. Schafskäse trockentupfen, in kleine Würfel schneiden und in dem Zitronen-Olivenöl-Gemisch marinieren.
4. Zucchini waschen, putzen und in dünne Scheiben hobeln. Pro Päckchen 2 Zucchinischeiben überkreuz aufeinanderlegen und einen marinierten Fetawürfel darauflegen. Feta mit den Zucchini-Scheiben einwickeln und mit Zahnstochern feststecken.
5. Den Saft der Zitrone mit ca. der doppelten Menge Olivenöl, den restlichen Minzeblättern und etwas Salz vermischen. Knoblauchzehe, geputzt und gepresst, hinzufügen.
6. Zucchini-Feta-Päckchen ca. 5 Minuten von beiden Seiten grillen. Das fertige Grillgut mit der Soße beträufeln und genießen.

Montag 13

Dienstag 14

Mittwoch 15

Donnerstag 16

Freitag 17

Samstag 18

Pfingssonntag

Sonntag 19

Zu erledigen

KW 20
Mai

KAFFEE ODER TEE SWR

Spargel-Schweinebauch-Röllchen

von Qin Xie

Für 4 Portionen

Zutaten

- 10 Stangen Spargel, grün
- 10 Scheiben Schweinebauch, hauchdünn geschnitten
- 4 EL Sojasoße, hell
- 1 EL Austernsoße
- 2 EL Honig
- ½ TL Maisstärke
- etwas Pfeffer
- 6 EL Wasser
- 1 EL Rapsöl
- 1 EL Sesamsamen

Zubereitung

1. Spargel abbrausen und evtl. das untere Ende schälen.
2. Schweinebauchscheiben auf einer Arbeitsplatte ausbreiten. Spargel entweder ganz lassen oder in Stücke schneiden und mit den Schweinebauchscheiben umwickeln.
3. Soja-, Austernsoße, Honig, Stärke, Pfeffer und Wasser in einer Schüssel gut verrühren.
4. Rapsöl in einer Pfanne erhitzen. Die Röllchen darin von allen Seiten hellbraun braten. Anschließend aus der Pfanne nehmen und beiseitestellen.
5. In der gleichen Pfanne die vorbereitete Soße erhitzen, die Röllchen dazugeben, abdecken und etwa 2–3 Minuten köcheln lassen.
6. Röllchen und Soße auf Tellern anrichten, mit Sesam bestreuen und servieren.

Pfingstmontag

Montag **20**

Dienstag **21**

Mittwoch **22**

Donnerstag **23**

Freitag **24**

Samstag **25**

Sonntag **26**

Zu erledigen

KW 21
Mai

Auflösung

Mairegen bringt Segen.

Hochbeet optimal bepflanzen: mediterranes Gemüse

Garten-Tipp

Heike Boomgaarden

Die Eisheiligen sind vorbei – nun dürfen auch alle Gemüsesorten, die es warm brauchen, endlich raus.

Minitomaten brauchen wenig Raum und eignen sich perfekt zum Naschen. Ein Geheimtipp für alle, die es scharf mögen, ist die Chili-Sorte „Japo“. Behalten Sie den Erntezeitpunkt gut im Blick, denn die Früchte werden umso schärfer, je röter sie werden. Fürs Hochbeet eignen sich besonders kleinere Paprika-Sorten. Der Farbwechsel im Verlauf der Reifung ist optisch sehr reizvoll. Fingergurken sind kleine Gurken, die sich aufgrund ihres geringen Platzbedarfs wunderbar fürs Hochbeet anbieten. Auch die Balkonauberginen fallen etwas kleiner aus, geben aber bei guter Pflege reichen Ertrag. Physalis bringen Farbe ins Beet und schmecken angenehm süß. Ein paar Kräuter runden das Gesamtbild ab.

Die farbenfrohe Welt der Weigelien

Garten-Tipp

Helmut Tränkle

Weigelien sind der Blickfang in jedem Garten. Sie blühen in den unterschiedlichsten Farben! Hier ein Überblick über die beliebtesten Sorten:

Die Gold-Weigelie, auch Gelbblütige Weigelie, ist die einzige gelb blühende Sorte. Die buntblättrige „Nana variegata“ trägt im Mai rosa Blüten. Sie wird vor allem für ihre schön geformten, grünen Blätter mit durchgängigem weißen Rand geschätzt. Wer eine höher wachsende Weigelie haben möchte, ist mit der „Bristol Ruby“ gut bedient, die in einem kräftigen Rot blüht. Dunkles Rot zeigen die Blüten der „Red Prince“, die auch als Heckenpflanze geeignet ist. Die Sorte „Carnaval“ blüht aufregend bunt und zeigt eine Farbpalette von zartem bis dunklem Rosa.

Erdbeer-Bananen-Milchshake

von Sabrina Dürr

Fruchtig und erfrischend ist der Milchshake aus Erdbeeren und Bananen. Er ist schnell gemixt und schmeckt lecker!

So geht's

1 Banane, 250 g Erdbeeren, 500 ml Milch und 1 Prise frisch gemahlene Vanille in einen Mixer geben und gut durchmixen. Ein paar Eiswürfel ins Glas geben, Milchshake einfüllen und servieren.

Sommerliche Minze selber anbauen

Pflanzen-Tipp

James Foggin

Marokkanische Minze für leckeren Sommertee, Schokominze für Desserts oder Englische Minze für eine typisch britische Minzsoße – das geht auch auf dem Balkon oder im Hochbeet. Alle Minzen mögen es sonnig bis halbschattig und brauchen einen humosen, nicht zu trockenen Boden. Sie brauchen recht viele Nährstoffe, weshalb sie dazu neigen, zu wuchern. Im Hochbeet oder auch im Garten empfiehlt es sich, die Minze in einem Topf von mindestens 20 cm ohne Boden als Begrenzung bzw. Wurzelsperre einzupflanzen (den Rand ca. 5 cm über die Erde ragen lassen) und regelmäßig mit organischem Dünger nachzudüngen.

Juni

Montag 27

Dienstag 28

Mittwoch 29

Fronleichnam

Donnerstag 30

Freitag 31

Samstag 1

Sonntag 2

Zu erledigen

KW 22
Juni

Bauernregel

Wenn im Juni Nord-
wind weht, das Korn
zur Ernte trefflich
....

Stärkungsmittel für Rosen und Stauden

Garten-Tipp

Heiko Hübscher

Der Schlüssel für widerstandsfähige und stressfreie Pflanzen im Garten ist der Boden. Diese Hilfsmittel fördern die natürlichen Prozesse:

1. Im März den reifen Kompost ca. 3 cm hoch in den Beeten ausbringen und mit 120 g Bodenaktivator pro Quadratmeter leicht einharken.

2. Bringen im Mai und Juni Wetterturbulenzen das Pflanzenwachstum aus dem Tritt, helfen Mikroorganismen. Die Produkte sind eine flüssige Mischkultur aus Bakterienstämmen und fermentaktiven Pilzen, die in der Natur vorkommen und speziell aufeinander abgestimmt sind. Diese unterstützen die Pflanzen, indem sie die im Boden vorhandenen Nährstoffe aufspalten, sodass sie leichter aufgenommen werden können.

3. Eine Alternative zu den Mikroorganismen bietet der Kompost-Tee. Das Präparat besteht aus Mikroorganismen aus dem Kompost, versetzt mit Nährsubstanzen wie Gesteinsmehl, Huminsäure und Zuckerrohrmelasse. Ein Teebeutel reicht für ca. 10 l. Das Wasser wird vergossen oder auf die Blätter gespritzt.

4. Mykorrhiza und Algenpräparate eignen sich zur Unterstützung von Bäumen. Mykorrhiza sind unterirdische Pilzgeflechte, die sich positiv auf das Wachstum und die Widerstandskraft von Bäumen und Pflanzen auswirken. Das Präparat gibt man am besten beim Pflanzen des Baumes ins Pflanzloch, möglichst nah an die Wurzeln.

Montag 3

Dienstag 4

Mittwoch 5

Donnerstag 6

Freitag 7

Samstag 8

Sonntag 9

Zu erledigen

- [ ]
- [ ]
- [ ]

KW 23
Juni

KAFFEE ODER TEE SWR

Kokostorte mit Erdbeeren

4 Stunden

von Stina Spiegelberg

Für 10 Stück

Zutaten

Für den Biskuit

- 300 g Weizenmehl, Type 550
- 80 g Zucker
- 1 Prise Meersalz
- ¾ Pck. Backpulver
- 80 g Ahornsirup
- 60 ml Öl
- 100 ml Orangensaft
- 100 ml Mineralwasser
- 1 Bio-Zitrone, Abrieb und 2 EL Saft

Für die Füllung

- 400 g Schlagsahne, vegan
- 2 Pck. Sahnesteif
- 1 EL Zucker
- 1 Prise Salz
- 50 g Kokosmus
- 400 g Erdbeeren, klein

Für die Garnierung

- 50 g Kokosflocken
- 100 g Zartbitterkuvertüre
- einige Kokoschips

Außerdem

- 3 Springformen à 18 cm
- Margarine für die Form

Zubereitung

1. Den Backofen auf 170 °C (Umluft) vorheizen. Springformen mit Margarine einfetten.
2. Mehl, Zucker, Salz und Backpulver in einer Schüssel vermischen. Ahornsirup, Öl, Orangensaft, Wasser, Zitronenschale und -saft zugeben und alles zu einem glatten Teig verrühren. Teig auf die Springformen verteilen, glatt verstreichen, 25–30 Minuten backen, herausnehmen und abkühlen lassen.
3. Sahnesteif und 1 EL Zucker mischen. Schlagsahne mit Sahnesteif und Salz steif schlagen. Kokosmus über dem heißen Wasserbad erwärmen, bis es weich wird, und dann nach und nach unter die Sahne rühren. Sahnecreme abgedeckt 15–20 Minuten kaltstellen.

4. Die Erdbeeren putzen. Die Hälfte der Beeren halbieren. Die andere Hälfte an der Oberseite gerade abschneiden.
5. Böden aus den Formen lösen und evtl. begradigen. Einen Boden auf eine Tortenplatte legen. Mit der Hälfte der Erdbeerhälften belegen. Ein Drittel der Sahnecreme gleichmäßig darauf verteilen.
6. Den zweiten Boden auflegen, mit den übrigen Erdbeerhälften belegen und mit der Hälfte der restlichen Sahnecreme bestreichen. Den letzten Boden mit der Unterseite nach oben auflegen. Die Torte rundherum mit der übrigen Sahnecreme einstreichen. Den Rand mit den Kokosflocken bestreuen. Torte ca. 30 Minuten kaltstellen.
7. Die Kuvertüre über dem Wasserbad schmelzen lassen. Die übrigen Erdbeeren mit der Spitze in die Kuvertüre tauchen und trocknen lassen.
8. Die Torte mit den Schoko-Erdbeeren dekorieren, die Kokoschips darüber streuen und servieren.

Zu erledigen

10 Montag

11 Dienstag

12 Mittwoch

13 Donnerstag

14 Freitag

15 Samstag

16 Sonntag

Montag 17

Dienstag 18

Mittwoch 19

Sommeranfang

Donnerstag 20

Freitag 21

Samstag 22

Sonntag 23

Zu erledigen

☐

☐

☐

Natürlich düngen mit Jauche

Garten-Tipp

Eva Hofmann

Viele Pflanzen sind nicht nur für die menschliche Gesundheit, sondern auch für andere Pflanzen nützlich. So können Jauchen, Brühen oder Tees aus Heilpflanzen als Dünger oder zur Abwehr von Krankheiten und Schädlingen eingesetzt werden. Etwa drei Wochen dauert es, bis sich Pflanzenteile im Wasser zu einer Jauche zersetzt haben. Dies wird Fermentation genannt. Häufig werden Brennnesseln, die Blätter der Walnuss, Schafgarbe, Kamille oder Beinwell verjaucht. 1 kg frisches Pflanzenmaterial wird mit 10 l Wasser in einem Eimer stehen gelassen. Nach der Fermentation die Brühe im Verhältnis 1:10 verdünnt im Garten vergießen.

Blütenstar: die Dipladenia

Pflanzen-Tipp

Volker Kugel

Die Dipladenia bezaubert mit ihren rosafarbenen und samtroten Blüten bis in den Herbst hinein. Die Pflanze verträgt volle Sonne genauso wie den Halbschatten, aber sie darf nicht den ganzen Tag unter der Markise stehen. Dank ihrer Speicherwurzeln macht ihr gelegentliche Trockenheit nichts aus. Umso empfindlicher ist sie aber gegen Staunässe. Das Umtopfen ist nur alle zwei bis drei Jahre angebracht. Das Pflanzgefäß sollte nur geringfügig größer sein als der Wurzelballen, sonst lässt die Blühwilligkeit schnell nach. Dipladenien lieben ein lockeres, humoses Pflanzsubstrat mit Langzeitdünger und während der Blütezeit zusätzliche, regelmäßige Düngergaben.

Montag **24**

Dienstag **25**

Mittwoch **26**

Donnerstag **27**

Freitag **28**

Samstag **29**

Sonntag **30**

Zu erledigen

KW 26
Juni

Auflösung

Wenn im Juni Nordwind weht, das Korn zur Ernte trefflich steht.

Mit Rasenersatz Arbeit im Garten sparen

Garten-Tipp
Volker Kugel

Eine gut gepflegte Rasenfläche ist viel Arbeit und ungepflegter Rasen meist nicht schön. Einen viel genutzten Spiel- und Sportrasen zu ersetzen, ist wohl nicht möglich, aber wenn Sie ihn nur gelegentlich betreten, vielleicht Ihre Sonnenliege daraufstellen und ab und zu eine kleine Grillparty veranstalten wollen, gibt es interessante Möglichkeiten.

Die Teppichverbene verträgt auch Trockenperioden gut. Sie braucht mindestens Halbschatten, besser volle Sonne. Gemäht wird sie einmal im Jahr nach dem Winter. Die Römische Kamille verträgt gelegentliches Betreten und muss maximal ein- bis zweimal im Jahr gemäht werden und mag volle Sonne. Für volle Sonne eignet sich auch der Zwergthymian sehr gut. Er ist ähnlich trittfest wie die Teppichverbene. Mähen Sie den Zwergthymian am besten einmal nach der Blüte im Juni oder Juli, dann verzweigt er sich umso besser und wird noch trittfester. Das zweite Mal mähen Sie nach dem Winter. Der Fiederpolster ist gut trittverträglich und muss fast gar nicht gemäht werden, denn er wird nur 4–5 cm hoch. Er mag es etwas feuchter, es sollte also kein sehr trockener Garten sein. Für kleine, halbschattige Flächen eignet sich Sternmoos. Es ist nicht so trittfest und auch vergleichsweise teuer, aber es wird nicht gemäht.

KRÄUTERKALENDER

WANN WÄCHST WELCHES KRAUT?

	JAN.	FEB.	MÄRZ	APRIL	MAI	JUNI	JULI	AUG.	SEPT.	OKT.	NOV.	DEZ.
Bärlauch			●	●								
Basilikum	●	●	●	●	●	●	●	●	●	●		
Beifuss							●	●				
Bohnenkraut						●	●	●	●			
Borretsch					●	●	●	●	●			
Brennessel				●	●	●						
Dill				●	●	●	●	●				
Estragon						●	●	●				
Kerbel					●	●	●	●	●			
Koriander	●	●	●	●	●	●	●	●	●	●		
Kresse	●	●	●	●	●	●	●	●	●	●	●	●
Liebstöckel				●	●	●	●	●	●			
Lorbeer	●	●	●	●	●	●	●	●	●	●		
Majoran								●	●			
Minze							●	●	●			
Oregano					●	●	●	●	●			
Petersilie	●	●	●	●	●	●	●	●	●	●		
Pimpinelle					●	●						
Rosmarin					●	●	●	●				
Salbei					●	●						
Schnittlauch	●	●	●	●	●	●	●	●	●	●		
Thymian					●	●	●	●	●			
Waldmeister				●								
Zitronenmelisse					●	●	●	●				

Gemüsenudeln mit gefüllten Schnitzeln

1 Stunde

von Eberhard Braun

Für 4 Portionen

Zutaten

Für die Gemüsenudeln

- 300 g Zucchini
- 300 g Möhren, dick
- ½ Bund Petersilie
- ½ Bund Basilikum
- etwas Salz
- 100 ml Gemüsebrühe
- 40 g Butter
- etwas Pfeffer

Für die Schnitzel

- 4 Kalbsschnitzel, à ca. 120 g, aus dem Rücken
- etwas Salz
- etwas Pfeffer
- 50 g Tomaten, getrocknet, in Öl
- 4 Stiele Petersilie
- 2 Stiele Basilikum
- 50 g Käse, z. B. kräftiger Bergkäse, Parmesan oder Pecorino
- 1 Chilischote (optional)
- 1 Knoblauchzehe
- 30 g Mandeln, gehackt
- ½ Bio-Zitrone, Saft und Abrieb
- 1 EL Haferflocken, fein oder Semmelbrösel
- 4 EL Maismehl oder Mehl, Type 405
- 3 EL Rapsöl
- 400 ml Gemüsebrühe
- 1 EL Senf, grobkörnig
- 40 g Butter

Außerdem

- kleine Holzspieße

Zubereitung

1. Zucchini abbrausen, Möhren schälen. Beides in lange Streifen schneiden, leicht salzen und 6–7 Minuten ziehen lassen. Petersilie und Basilikum abbrausen, trockenschütteln und fein schneiden.
2. Schnitzel einschneiden, auseinanderklappen und dünn klopfen. Von beiden Seiten mit Salz und Pfeffer würzen.
3. Die getrockneten Tomaten fein schneiden. Petersilie und Basilikum abbrausen, trockenschütteln und fein schneiden. Käse fein reiben. Chilischote in Ringe schneiden und Kerne entfernen. Knoblauch abziehen und fein schneiden.

4. Tomaten, Mandeln, die Hälfte der Petersilie und des Basilikums, 1 TL Zitronen-Abrieb, Haferflocken und Käse mischen und mit Salz und Pfeffer würzen.
5. 1 EL Füllung auf eine Seite der Fleischscheiben geben und zusammenklappen. Die Seiten mit leicht geölten Holzspießen verschließen.
6. Auf einem Teller 3 EL Mehl verteilen, die Schnitzel darin wenden und überschüssiges Mehl abklopfen.
7. Öl erhitzen und Schnitzel darin von beiden Seiten ca. 1–2 Minuten anbraten. Mit Zitronensaft und Gemüsebrühe ablöschen, abdecken und bei mittlerer Hitze ca. 4–5 Minuten dünsten.
8. Gemüsebrühe in einer Pfanne aufkochen lassen. Zucchini- und Möhrenstreifen zugeben, abdecken und ca. 3–4 Minuten garen.
9. Schnitzel aus der Pfanne nehmen. Petersilie, Senf, Chili, Zitronen-Abrieb und Knoblauch unter die Soße rühren. Das Mehl mit etwas kaltem Wasser verrühren und zur Soße geben, kurz aufkochen lassen, bis die Soße leicht sämig wird. Pfanne vom Herd ziehen, Butter unterrühren und mit Salz und Pfeffer würzen. Schnitzel erneut in die Soße legen und warmhalten.
10. Butter, Petersilie und Basilikum unter das Gemüse mischen und mit Salz und Pfeffer würzen. Schnitzel, Soße und Gemüsenudeln anrichten und servieren. Mit Salz und Pfeffer würzen.

Juli

Montag 1

Dienstag 2

Mittwoch 3

Donnerstag 4

Freitag 5

Samstag 6

Sonntag 7

Zu erledigen

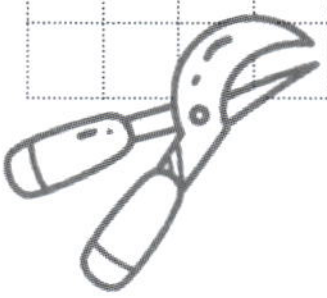

KW 27
Juli

Bauernregel

Juli schön und ……………………, gibt ein gutes Bauernjahr.

Basilikum anpflanzen

Pflanzen-Tipp

Birgit Wonneberger

Basilikum ist eines der leckersten Kräuter überhaupt. Im Topf, Balkonkasten oder Beet – für jede Lebenssituation ist eine erfolgreiche Kultur möglich, wenn es warm genug ist.

Den Blättern des Basilikums entströmen so intensive und herrlich würzige Aromen, dass man danach süchtig werden kann. Frisch schmeckt Basilikum am besten. Damit Sie es auch immer frisch zur Hand haben, brauchen Sie ein sonniges oder leicht schattiges sowie windgeschütztes Plätzchen.

Basilikum liebt subtropisches Klima. Üppiges Wachstum erfolgt bei etwa 25°C und lauen Sommernächten. Viel nährstoffreiche Erde und ausreichend Wasser halten Basilikum bei Laune.

Hugo-Fruchtgelee

von Lisa Rudiger

Diese beschwipsten Fruchtgummis sind leicht und schnell gemacht! Sie schmecken erfrischend süß nach Hugo. Perfekt für einen gemütlichen Sommerabend.

So geht's

Saft einer Bio-Limette, 2 EL Pfefferminzsirup, 30 ml Holunderblütensirup, 180 ml Sekt (am besten abgestanden), 50 ml Mineralwasser und 1 TL brauner Zucker in einen Topf auf dem Herd geben. 20 g Agar-Agar einrühren und unter Rühren 2 Minuten kochen lassen. Dann kurz abkühlen lassen. Abgekühlten Cocktailmix mit Hilfe einer Gießkelle in eine Eiswürfelform abfüllen und mindesten 6 Stunden gelieren lassen. Zucker auf einen flachen Teller geben. Die Fruchtgelees aus der Eiswürfelform drücken, im Zucker wälzen und genießen.

Montag 8

Dienstag 9

Mittwoch 10

Donnerstag 11

Freitag 12

Samstag 13

Sonntag 14

Zu erledigen

☐

☐

☐

KW 28
Juli

Pfefferminze, die coole Sommer-Heilpflanze

Gesundheits-Tipp

Astrid Fiebich

Pfefferminze erfrischt, kühlt, schmeckt gut, tut wohl, macht vieles bekömmlicher und lindert Schmerzen. Die kühlende und schmerzlindernde Wirkung kann man sich bei Sportverletzungen und Prellungen zunutze machen. Auf das Herz wirkt das ätherische Öl belebend und kann zum Einreiben bei Neuralgien, Kopf- und Rheumaschmerzen eingesetzt werden. Minze hilft bei hartnäckigem Husten und macht die Atemwege frei. Sie lindert aber auch Magen-Darm-Beschwerden. Pfefferminze hilft auch bei Reisebeschwerden, Übelkeit, Brechreiz oder akutem Erbrechen sowie bei Blähungen und Krämpfen. Pfefferminze ist nicht nur zum Trinken da, sondern hilft als Balsam auf die Haut aufgetragen bei Erkältungen, Kopf- und Gliederschmerzen.

Tigerbalsam herstellen

Gesundheits-Tipp

Astrid Fiebich

Tigerbalsam besteht größtenteils aus dem ätherischen Öl der Pfefferminze und lässt sich in vereinfachter Form selber herstellen.

So geht's

50 g Kokosfett erwärmen und mit einem Stäbchen 15 Tropfen Pfefferminzöl einrühren. Alternativ nur 5 Tropfen Pfefferminzöl nehmen und dieses je nach Belieben und Beschwerden mit einem weiteren Öl (z. B. Eukalyptus) mischen. Das Balsam im Kühlschrank lagern und bei Bedarf z. B. auf die Stirn auftragen. Dabei aufpassen, dass nichts davon in die Augen gerät. Pfefferminze sollte nicht bei Säuglingen und Kleinkindern bis zu sechs Jahren eingesetzt werden. Auch wer stillt sollte wissen, dass Pfefferminze den Milchfluss hemmt.

Zu erledigen

Montag 15

Dienstag 16

Mittwoch 17

Donnerstag 18

Freitag 19

Samstag 20

Sonntag 21

KW 29
Juli

KAFFEE ODER TEE

Lachs im Pergament mit Tomaten und Zucchini

1,5 Stunden

von Jens Jakob

Für 4 Portionen

Zutaten

Für die Kartoffeln

- 800 g Kartoffeln, Drillinge
- 1 Knoblauchzehe
- 1 Lorbeerblatt
- etwas Salz
- 4 EL Butter
- 1 Bio-Zitrone, Saft und Abrieb
- ½ Bund Petersilie

Für den Lachs im Pergament

- 4 Lachsfilets, à ca. 150 g
- 2 Spitzpaprika, gelb
- 1 Zucchini, ca. 300 g
- 12 Kirschtomaten, rot
- 2 Lauchzwiebeln
- 1 Bio-Zitrone
- ½ Bund Petersilie
- 2 Stiele Thymian
- etwas Salz
- etwas Pfeffer
- 6 EL Olivenöl
- 40 g Mandeln, gehackt

Außerdem

- 2 Bögen Backpapier

Zubereitung

1. Kartoffeln schälen und abbrausen. Knoblauchzehe andrücken. Kartoffeln, Knoblauch und Lorbeerblatt in Salzwasser ca. 20 Minuten weich garen.
2. Gräten des Lachs entfernen.
3. Paprika, Zucchini, Tomaten und Lauchzwiebeln putzen, abbrausen, trockentupfen und in möglichst gleichgroße Stücke schneiden.
4. Zitrone abbrausen und in Scheiben schneiden. Petersilie und Thymian abbrausen. Petersilie grob schneiden. Thymian grob zerzupfen.
5. Das vorbereitete Gemüse, Thymian, Petersilie, Salz, Pfeffer und Olivenöl in eine Schüssel geben, gut mischen und ca. 10 Minuten marinieren.
6. Backofen auf 160 °C (Ober- und Unterhitze) vorheizen.

7. Die Backpapierbögen halbieren und das Gemüse darauf verteilen.
8. Lachsfilets salzen und auf das Gemüse setzen. Erst Zitronenscheiben und dann die Mandeln darüber geben. Backpapier verschließen. Auf der mittleren Schiene ca. 20 Minuten garen.
9. Die Kartoffeln abgießen, ausdampfen lassen und leicht andrücken.
10. Butter in einer Pfanne schmelzen. Zitronensaft und -schale unterrühren.
11. Kartoffeln zugeben, ca. 2 Minuten schwenken und mit Salz und Pfeffer würzen.
12. Petersilie abbrausen, trockenschütteln und zu den Kartoffeln geben.
13. Lachs aus dem Ofen nehmen, das Backpapier oben einschneiden und etwas auseinanderziehen. Mit den Kartoffeln anrichten und servieren.

Wissenswertes über Wildobst

Garten-Tipp

Volker Kugel

Die Natur bietet eine ganze Reihe unveredelter und wild wachsender Obstsorten. Viele davon kennt der „Homo Supermarktiensis" kaum noch.

Früchte von Wildobstarten zeichnen sich durch ein besonderes Aroma und einen hohen Gehalt an Vitaminen, Mineral- und Farbstoffen aus. Besondere Aufmerksamkeit hat der Vitamin-C-Gehalt gefunden. So wird in Fachkreisen die Eberesche als „Zitrone des Nordens" bezeichnet, die den Vitamin-C-Gehalt der Zitrone um 80 % übertrifft. Zu den wilden Obstsorten gehören die Schwarze Apfelbeere, der Schwarze Holunder und die Scheinquitte, deren Früchte zum Frischverzehr nicht geeignet sind, sich aber zu Marmelade, Fruchtsoßen und Likör verarbeiten lassen. Die Früchte der Kornelkirsche können als Vitamin-C-reiches Frischobst verzehrt werden. Sie sind zum Tiefgefrieren, zum Trocknen sowie für die Verarbeitung zu Saft, Wein oder Marmelade geeignet. Die Beeren der Eberesche dienen im Verlauf des Winters als Vogelfutter. Neuzüchtungen der Eberesche enthalten weniger Bitterstoffe und sind deshalb auch für den Menschen genießbar.

Montag 22

Dienstag 23

Mittwoch 24

Donnerstag 25

Freitag 26

Samstag 27

Sonntag 28

Zu erledigen

KW 30
Juli

KAFFEE ODER TEE SWR

Auflösung

Juli schön und klar, gibt ein gutes Bauernjahr.

August

Montag 29

Dienstag 30

Mittwoch 31

Donnerstag 1

Freitag 2

Samstag 3

Sonntag 4

Zu erledigen

KW 31
August

Bauernregel

Ist's in der ersten Augustwoche heiß, bleibt der Winter lange …………………… .

Frucht- und Kräuter-Eiswürfel

von Sabine Holzäpfel

So geht's

Obst oder frische Kräuter nach Saison und Geschmack bereitstellen, evtl. klein schneiden. Gut eignen sich z.B. Himbeeren, Johannisbeeren, Heidelbeeren und Nektarinen oder frische Minze, Zitronenmelisse, Zitronenverbene, Rosmarin und Lavendel. Obst bzw. Kräuter in die Eiswürfel-Form füllen, mit stillem Wasser übergießen und die Form für einige Stunden in die Gefriertruhe stellen.

Bananen-Eis

von Lisa Rudiger

So geht's

3 mittelgroße, reife Bananen schälen, in kleine Stücke schneiden und mindestens 3 Stunden einfrieren. 75 ml Schlagsahne und Bananenstücke in den Mixer geben und cremig mixen. Eismasse in einen Einwegspritzbeutel mit Sterntülle füllen, auf 12 Waffelbecher verteilen und für mindestens 3 Stunden einfrieren. 200 g Kuvertüre über einem heißen Wasserbad unter gelegentlichem Rühren schmelzen. Sobald die Schokolade 40 °C erreicht hat, vom Wasserbad nehmen und die restliche Kuvertüre unterrühren. Wenn sich die Kuvertüre aufgelöst hat, hat die Schokolade die passende Temperatur. Die Waffelbecher in die Kuvertüre tauchen und mit Zuckerperlen bestreuen. Waffelbecher direkt servieren oder erneut einfrieren.

Tipp: Die Bananen können durch andere Früchte ersetzt werden.

Eiscreme-Röllchen

von Stefanie Biedermann

So geht's

Ein 42 cm x 38 cm großes Backblech 15 Minuten im Gefrierfach kühlen. 1 Vanilleschote der Länge nach halbieren und das Mark herauskratzen. Vanillemark, 80 g Crème fraîche, 50 g Mascarpone, 80 g Kondensmilch und 200 g Sahne cremig aufschlagen. Gemischte Beeren abspülen, abtropfen lassen und gegebenenfalls vom Strunk befreien. Beeren mit etwas Zucker fein pürieren. Beerenpüree, Kokosraspeln und Zartbitterschokoladenraspeln mit einem Teigschaber nacheinander unter die Sahnecreme heben. Eismasse auf dem vorgekühlten Blech ca. 2 mm dünn aufstreichen und für mindestens 1 Stunde tiefkühlen. Das Blech sollte dabei eben stehen. Mit dem Eisspachtel die Eismasse zu Röllchen aufrollen und genießen.

Wassermelonen-Eis am Stiel

von Stefanie Biedermann

So geht's

1 kg Wassermelonen in Spalten schneiden, Fruchtfleisch aus der Schale lösen und grob würfeln. Die großen Kerne entfernen. Das Fruchtfleisch pürieren. 8 Stieleisformen zu zwei Dritteln mit dem Melonenpüree füllen. Ein paar Schokotropfen untermischen. Ein Holzstäbchen in jedes Förmchen stecken und ca. 1 Stunde ins Gefrierfach stellen. 150 g griechischen Joghurt mit etwas Agavendicksaft süßen. Etwa 2 TL davon in jedes Förmchen füllen und für weitere 30 Minuten gefrieren. 2 Kiwis schälen und pürieren. Kiwipüree auf die Joghurtmasse geben und das Förmchen bis zum Rand füllen. Die Formen mindestens 6 Stunden gefrieren lassen. Zum Servieren die Förmchen mit etwas warmem Wasser abspülen, Eis lösen und servieren.

Wildblumenmischungen richtig ansäen

Garten-Tipp

Birgit Wonneberger

Weniger Rasen, weniger Mäharbeit, mehr Natur und Blüten: Es gibt viele gute Gründe für eine Wildblumenwiese.

Blumenwiesen sind zwar pflegeleicht, bedürfen aber einiges an Vorbereitung und Geduld. Günstig für die Keimung der Wildblumen sind Flächen, die zuvor gründlich gelockert und von Wurzelunkraut befreit wurden. Wichtig ist eine feinkrümelige Saatoberfläche und evtl. eine Abmagerung des Bodens mit Sand. Es sollten keine extra Düngung oder Kompost verwendet werden. Das Saatgut gleichmäßig auf der Fläche verteilen, nur leicht einharken und mit Brettern oder Walzen andrücken. Bei trockener Witterung gleichmäßig feucht halten. Unter günstigen Bedingungen keimen die meisten Samen in 2–4 Wochen.

Humus als Klimaretter

Garten-Tipp

Carsten Weber

Humus speichert Kohlenstoff in der Erde und entzieht ihn damit der Atmosphäre. Das geht gut mit Mulchen und noch besser mit Gründüngung. Gründüngung sind Pflanzen, die als Vor- oder Nachkultur ausgesät werden. Sie schützen nicht nur das Klima, sondern machen auch den Boden fruchtbarer. Das Wertvolle an der Gründüngung sind die Wurzeln, denn sie lockern den Boden tiefgründig. Sommergründüngung friert beim ersten Frost ab und legt sich als Mulchschicht auf den Boden. Winterdüngung wächst bis zum Frühjahr weiter und bildet dadurch mehr Blatt- und Wurzelmasse. Im Frühjahr wird die Grünmasse untergegraben und dann ebenfalls in Humus umgewandelt.

Zu erledigen

Montag 5

Dienstag 6

Mittwoch 7

Donnerstag 8

Freitag 9

Samstag 10

Sonntag 11

KW 32
August

KAFFEE ODER TEE SWR

Gefüllter Blätterteig mit Kartoffeln und Käse

von Rainer Klutsch

45 Minuten

Für 4 Portionen

Zutaten

- 300 g Kartoffeln, vorwiegend festkochend
- etwas Salz
- 1 Spitzpaprika
- 50 g Champignons
- 1 Bund Schnittlauch
- 1 EL Butterschmalz
- 1 Pck. Blätterteig aus dem Kühlregal, ca. 275 g
- 100 g Bergkäse oder Gouda
- 100 g Frischkäse
- etwas Paprikapulver
- 1 Eigelb, Größe M
- 2 EL Sesam

Zubereitung

1. Kartoffeln schälen, abbrausen, in Salzwasser ca. 20 Minuten garen, abgießen und ausdampfen lassen.
2. Paprika putzen halbieren, entkernen und fein schneiden. Champignons putzen und kleinschneiden. Schnittlauch in Röllchen schneiden. Kartoffeln in ca. 0,5 cm dicke Scheiben schneiden.
3. Butterschmalz erhitzen und Pilze darin anbraten. Paprika zugeben und weitere 2–3 Minuten braten, bis die entstandene Flüssigkeit fast verdampft ist, dann mit Salz und Pfeffer würzen.
4. Blätterteig inklusive Backpapier entrollen und auf ein Backblech legen.

5. Käse reiben. Die Hälfte des Teiges mit dem Frischkäse bestreichen. Die Hälfte Käse darüberstreuen, mit Kartoffelscheiben belegen und Schnittlauch darüberstreuen. Paprika-Pilz-Mix darauf verteilen, mit Paprikapulver würzen und übrigen Käse darauf verteilen.
6. Blätterteig zusammenklappen und die Ränder vorsichtig festdrücken.
7. Backofen auf 200 °C (Ober- und Unterhitze) vorheizen.
8. Eigelb verquirlen, die Teigoberfläche damit bestreichen und mit Sesam bestreuen.
9. Die Oberfläche so einschneiden, dass ein hübsches Rautenmuster entsteht.
10. Gefüllten Blätterteig auf der mittleren Schiene ca. 20 Minuten goldbraun backen, herausnehmen, kurz ruhen lassen und lauwarm genießen.

Kresse selber aussäen

Garten-Tipp

Kresse lässt sich das ganze Jahr über ganz einfach auf der Fensterbank aussäen. So können Sie jeder Zeit Ihre Speisen damit verfeinern.

So geht's

Ein Gefäß (z. B. einen Teller, eine flache Schüssel oder ein kleines Glas) mit Watte oder Küchentuch auslegen. Wasser in das Gefäß füllen und Watte bzw. Küchentuch tränken. Kressesamen (z. B. Gartenkresse) gleichmäßig darauf verteilen und an einen hellen Ort (z. B. die Fensterbank) stellen. Die Kresse regelmäßig gießen. Sie sollte nie austrocknen, aber auch nicht im Wasser schwimmen. Nach einigen Tagen können Sie die Kresse ernten!

Zu erledigen

Montag 12

Dienstag 13

Mittwoch 14

Mariä Himmelfahrt

Donnerstag 15

Freitag 16

Samstag 17

Sonntag 18

KW 33
August

Mirabellentarteletten mit Marzipan

von Hannes Weber

mehr als 4 Std.

Für 8 bis 10 Stück

Zutaten

Für den Teig

- 50 g Butter (alternativ Margarine)
- 35 g Zucker
- ½ Vanilleschote, Mark
- 1 Bio-Zitrone, Abrieb
- 1 Prise Salz
- 50 ml Milch (alternativ Mandeldrink)
- 165 g Weizenmehl, Type 405
- 2 TL Backpulver

Für die Marzipancreme

- 200 ml Milch (alternativ Mandeldrink)
- 25 g Zucker
- ½ Vanilleschote, Mark
- 1 Prise Salz
- 20 g Vanillepuddingpulver
- 40 g Marzipan
- 300 g Mirabellen

Außerdem

- 8–10 Tartelette-Backformen, am besten mit Hebeboden, ø ca. 10 cm
- Margarine für die Formen
- Hülsenfrüchte zum Blindbacken
- Backpapier für die Formen

Zubereitung

1. Butter, Zucker, Vanillemark, Zitronenabrieb und Salz verkneten. Milch untermengen. Mehl mit Backpulver mischen, auf die Buttermasse sieben und unterkneten. Teig abgedeckt über Nacht kaltstellen.
2. Backofen auf 180 °C (Ober- und Unterhitze) vorheizen. Backformen einfetten. Teig in 8–10 Portionen teilen, Portionen auf einer leicht bemehlten Arbeitsfläche rund ausrollen, Teig in die Formen legen und mit Backpapier und Hülsenfrüchten belegen.
3. Tarteletten im vorgeheizten Ofen ca. 10 Minuten blindbacken, herausnehmen und Hülsenfrüchte und Backpapier entfernen.
4. 150 ml Milch mit Zucker, Vanillemark und Salz in einem Topf aufkochen. Puddingpulver mit 50 ml Milch verrühren, in die kochende Milch rühren und unter Rühren kurz aufkochen lassen. Marzipan würfeln und unter die Puddingmasse rühren, bis eine glatte Creme entstanden ist.
5. Marzipancreme in die Backformen füllen und glattstreichen. Mirabellen waschen, halbieren, entkernen und auf die Marzipancreme legen.
6. Die Tarteletten ca. 20 Minuten goldbraun backen, herausnehmen, abkühlen lassen und servieren.

Montag 19

Dienstag 20

Mittwoch 21

Donnerstag 22

Freitag 23

Samstag 24

Sonntag 25

Zu erledigen

KW 34 August

Auflösung

Ist's in der ersten Augustwoche heiß, bleibt der Winter lange weiß.

September

Montag **26**

Dienstag **27**

Mittwoch **28**

Donnerstag **29**

Freitag **30**

Samstag **31**

Sonntag **1**

Zu erledigen

Bauernregel

Am feinen September- ……………… ist dem Bauer gelegen.

- [ ]
- [ ]
- [ ]
- [ ]

Für mehr Gesundheit und Nachhaltigkeit auf dem Teller

So können Sie nachhaltiger und gesünder leben:

1. Obst und Gemüse frisch und saisonal einkaufen: Viele Nährstoffe gehen bei der Verarbeitung verloren. Für die Verarbeitung und Lagerung muss Energie aufgewendet werden und Treibhausgase werden verursacht.

2. Mehr pflanzliche Lebensmittel als tierische Lebensmittel essen: Pflanzliche Lebensmittel verursachen weniger Treibhausgase (8 %) als tierische Produkte (44 %), denn Wiederkäuer setzen große Mengen Methan frei. Zudem brauchen die Herstellung und der Import des Kraftfutters viel Energie.

3. Bio-Produkte kaufen: Durch den Verzicht auf chemisch-synthetische Düngemittel, humusreiche Böden, eine flächengebundene Tierhaltung und betriebseigene oder regionale Futterproduktion werden viele Treibhausgasemissionen eingespart.

Lebensmittel bei Hitze richtig lagern

Mehr als 1 Million Menschen erkranken jährlich vor allem im Sommer im Zusammenhang mit verunreinigten Lebensmitteln. Die häufigsten Erreger der Infektionen sind Campylobacter, Salmonellen und Listerien.

1. Mit Kühltasche einkaufen gehen.

2. Erhitzen Sie gekochte Speisen mindestens zwei Minuten.

3. Lagern Sie Melone im Kühlschrank, da sie mit Salmonellen belastet sein kann.

4. Räucherlachs am besten schnell verzehren und Reste durchgaren. Hackfleisch durchbraten und schnell verwerten. Die verwendeten Küchengeräte mit heißem Wasser gut reinigen.

5. Gekochten Reis noch warm in den Kühlschrank stellen.

Montag 2

Dienstag 3

Mittwoch 4

Donnerstag 5

Freitag 6

Samstag 7

Sonntag 8

Zu erledigen

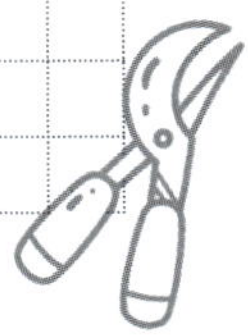

- [ ]
- [ ]
- [ ]

KW 36
September

Mehr Nützlinge im Garten

Garten-Tipp

Carsten Weber

Das können Sie im Herbst für die Nützlinge tun:

Regenwürmer

Regenwürmer scheiden wertvollsten Humus aus und lockern den Boden. Kaffeesatz, eine Mulchschicht aus Gartenabfällen oder Rasenschnitt in den Beeten ernähren die Regenwürmer. Dann sind sie noch aktiver und vermehren sich besser.

Florfliegen

Die Larven der Florfliegen sind hervorragende Blattlausvertilger. Die erwachsenen Tiere überwintern an geschützten Stellen. Es gibt Florfliegenkästen, in die die Tiere sich verkriechen. Diese Kästen können Sie mit Stroh füllen.

Ohrenkneifer

Die Ohrenkneifer fressen große Mengen Blattläuse, Eier von Apfelwicklern und Gespinstmotten sowie Pilzgeflechte. Durch Stroh gefüllte Tontöpfe, die umgedreht in Obstbäume gehängt werden, vergrößert sich ihre Population.

Vögel

Wenn Sie Wildobst gepflanzt haben, das im Herbst reife Früchte trägt, dann haben Sie den Vögeln schon viel Gutes getan. Hängen Sie Nistkästen auf, in denen Vögel Unterschlupf finden.

Igel

Reisig und Äste anhäufen und Laub darauf geben. So schaffen Sie einen Unterschlupf für viele Tiere wie die Igel, die u. a. Schnecken fressen.

Montag 9

Dienstag 10

Mittwoch 11

Donnerstag 12

Freitag 13

Samstag 14

Sonntag 15

Zu erledigen

KW 37
September

Apfelweintörtchen

von Stefanie Biedermann

Für 12 Stück

2 Stunden

Zutaten

Für den Mürbeteig

- 125 g Butter
- 100 g Zucker
- 1 EL Vanillezucker
- 1 Ei, Größe M
- 250 g Mehl, Type 405
- 1 TL Backpulver

Für die Füllung

- 370 g Äpfel
- 100 ml Apfelsaft
- 25–30 g Speisestärke
- 75 ml Apfelwein
- 50 g Zucker
- 1 EL Vanillezucker

Für die Sahnehäubchen

- 250 ml Sahne
- ¼ –½ Tonkabohne
- 1 Pck. Sahnesteif
- 1 TL Vanillezucker

Außerdem

- Muffinblech
- Ausstecher, rund, ø 10 cm
- Spritzbeutel mit Sterntülle
- Sieb für das Kakaopulver
- Kakaopulver zum Bestäuben

Zubereitung

1. Butter, Zucker, Vanillezucker und Ei verkneten. Mehl und Backpulver mischen und unterkneten. Teig zu einer Kugel formen, flachdrücken und in Frischhaltefolie gewickelt 1 Stunde kaltstellen.
2. Äpfel waschen, schälen, entkernen, raspeln und in einen Topf geben. 4–5 EL Apfelsaft mit der Speisestärke anrühren. Restlichen Apfelsaft, Apfelwein, Zucker und Vanillezucker zu den geraspelten Äpfeln geben und unter Rühren aufkochen lassen. Angerührte Stärke zur kochenden Masse geben, unter Rühren noch einmal aufkochen lassen, 1–2 Minuten eindicken lassen und vom Herd nehmen.
3. Backofen auf 175 °C (Ober- und Unterhitze) vorheizen und Backblech einfetten.
4. Teig auf einer bemehlten Arbeitsfläche 3–5 mm dünn ausrollen. 12 Kreise ausstechen, in die einzelnen Muffinmulden legen und mit einer Gabel einstechen.
5. Apfelmasse in die Mulden füllen. Nicht bis zum Rand auffüllen, denn die Masse steigt noch etwas nach oben.
6. Törtchen auf mittlerer Schiene ca. 25 Minuten backen. Muffin-Backblech herausnehmen und auskühlen lassen. Törtchen stürzen.
7. Sahne, geriebene Tonkabohne, Sahnesteif und Vanillezucker steif schlagen, in einen Spritzbeutel füllen und auf die Törtchen geben. Kakaopulver darüber sieben.

Apfelkuchen-Cider

von Natalie Lumpp

So geht's

Etwas Apple-Pie-Sirup (Sirup mit Apfelkuchenaroma) in ein Weinglas geben, mit 0,1 l Cider auffüllen. 1–2 Eiswürfel, je nach Wunsch, und 2 getrocknete Apfelscheiben dazugeben.

Cider-Gin

von Natalie Lumpp

So geht's

0,1 l Cider, 25 ml Gin, etwas Zitronensaft, 3 kleingeschnittene Minzeblätter und 6 tiefgefrorene Erbsen in ein Weinglas geben. Nach Belieben Eiswürfel dazu geben und genießen.

Bauernhortensien richtig pflegen

Pflanzen-Tipp

Helmut Tränkle

Die Bauernhortensie braucht sehr viel Wasser. In trockenen Sommern verursacht sie einen enormen Wasserverbrauch.

In höheren, kühleren Lagen haben Bauernhortensien meist kein Problem. In wärmeren Regionen können Sie die Überlebenschance der Bauernhortensie erhöhen, indem Sie den Boden optimieren. Dazu gehört regelmäßiges Einarbeiten von Kompost und Mulchen. Dadurch wird der Boden locker und speicherfähig. Sorgen Sie für Beschattung und stellen Sie eine gute Bewässerung sicher. Siedeln Sie Ihre Bauernhortensie auf die Nordseite um.

Alternativen zur Bauernhortensie stellen die Rispenhortensie, die Buddleja (Sommerflieder oder Schmetterlingsstrauch) und die Indische Kreppmyrte dar. Sie vertragen mehr Sonne, brauchen weniger Wasser und stellen geringere Ansprüche an den Boden.

Zwiebelsäckchen herstellen

Gesundheits-Tipp

Astrid Fiebich

Zwiebeln hat fast jeder zuhause, doch die wenigsten nutzen sie als Heilpflanze.

Für ein Zwiebelsäckchen brauchen Sie 1 Zwiebel und 1 Baumwollsäckchen oder 1 Baumwolltaschentuch. Die Zwiebel klein schneiden. Die Würfel leicht erwärmen und in das Säckchen oder Taschentuch füllen. Das Päckchen kann bei Ohrenweh auf das Ohr oder bei Halsweh um den Hals gelegt werden. Damit die Auflage gut wirkt, sollte man sie etwa 1–2 Stunden einwirken lassen.

Montag 16

Dienstag 17

Mittwoch 18

Donnerstag 19

Freitag 20

Samstag 21

Sonntag 22

Zu erledigen

- [ ]
- [ ]
- [ ]

KW 38
September

Pilze sammeln für Anfänger

Ernährungs-Tipp

Helmut Tränkle

1. Heimische Wildpilze dürfen zum Eigenverzehr in geringen Mengen (ca. 1 kg pro Person und Mahlzeit) gesammelt werden.

2. Pilzanfänger und -anfängerinnen sollten an geführten Pilzwanderungen mit Experten und Expertinnen teilnehmen oder/und Pilzberatungsstellen aufsuchen.

3. Fraßspuren von Tieren an Pilzen sind kein Hinweis darauf, dass diese Pilze für Menschen genießbar sind. Verlassen Sie sich nicht auf Pilz-Apps.

4. Zu den Vergiftungserscheinungen zählen Brechdurchfall, Leibschmerzen, Fieber, Herzschwäche, Schwellung der Leber und Harnbluten. Rufen Sie schnell den Notarzt, bewahren Sie Erbrochenes auf und nehmen Sie es mit zum Arzt, werfen Sie Putzreste nicht weg.

Würzige Cashewkerne

von Dr. Stefanie Ackermann

Diese herzhafte Knabberei ist nicht nur richtig lecker, sondern stärkt auch noch Ihr Immunsystem!

So geht's

Für die Marinade 1 EL Olivenöl in einer Schale mit 1 TL Cayennepfeffer, 1 TL Paprikapulver (edelsüß), ¾ TL Salz und 1 TL Honig gut verrühren. 180 g Cashewkerne hinzufügen und gut vermischen. Eine beschichtete Pfanne erhitzen und die marinierten Cashewkerne langsam und unter Rühren rösten. Vom Herd nehmen, abkühlen lassen und bei Bedarf nachwürzen. In einem Schraubglas luftdicht verpackt kann dieser immunstarke Snack ein paar Tage aufbewahrt werden. Schmeckt auch prima mit anderen Nüssen, Kernen und Samen.

Zu erledigen

Montag 23

Dienstag 24

Mittwoch 25

Auflösung

Am feinen Septemberregen ist dem Bauer gelegen.

Donnerstag 26

Freitag 27

Samstag 28

Sonntag 29

- [ ]
- [ ]
- [ ]
- [ ]

KW 39 September

Oktober

Montag **30**

Dienstag **1**

Mittwoch **2**

Tag der Dt. Einheit

Donnerstag **3**

Freitag **4**

Samstag **5**

Sonntag **6**

Zu erledigen

Bauernregel

Warmer Oktober bringt fürwahr stets einen kalten …………………….. .

KW 40
Oktober

KAFFEE ODER TEE

Zwiebelrostbraten mit Kartoffelstroh und Spätzle

von Timo Böckle

Für 4 Portionen

Zutaten

Für die Spätzle

- 400 g Mehl, Type 405
- 8 Eier, Größe M
- etwas Salz

Für das Kartoffelstroh

- 3 Kartoffeln, festkochend, ca. 250 g
- 300 ml Pflanzenöl, z. B. Rapsöl

Für den Zwiebelrostbraten

- 800 g Rinderrücken, von der Färse
- 2 Gemüsezwiebeln, ca. 500 g
- 4 EL Butterschmalz
- 250 ml Bratensaft oder Bratensoße, gekauft oder selbstgekocht
- etwas Salz
- etwas Pfeffer

Zubereitung

1. Kartoffeln schälen und zu Kartoffelfäden schneiden, in eine Schüssel mit kaltem Wasser legen und beiseitestellen.
2. Mehl, Eier und etwas Salz vermengen und schlagen, bis ein glatter Teig entstanden ist. Teigschüssel abdecken und etwa 30 Minuten ruhen lassen.
3. Rinderrücken trockentupfen und in ca. 180 g schwere Scheiben schneiden. Fleisch plattieren. Zwiebeln halbieren, schälen und in Streifen schneiden.
4. In einer Pfanne Butterschmalz erhitzen, Steaks darin bei mittlerer bis starker Hitze unter Wenden anbraten, von beiden Seiten mit Salz und Pfeffer würzen und im Backofen (80 °C Ober- und Unterhitze) auf dem Rost über einem Blech ruhen lassen.
5. Zwiebelstreifen im Bratfett bei mittlerer Hitze goldbraun braten, mit Bratensaft oder Soße ablöschen, etwa 5–8 Minuten weichkochen, mit Pfeffer und Salz abschmecken und warmhalten.

6. Kartoffelfäden abtropfen lassen und trockentupfen. Öl in einem Topf auf ca. 160 °C erhitzen. Kartoffelfäden portionsweise knusprig ausbacken und auf Küchenpapier abtropfen lassen. Mit Salz und Pfeffer würzen und auf einem Teller im ausgeschalteten Backofen warmhalten.
7. Salzwasser zum Kochen bringen. Ein Spätzlebrett kurz in leicht kochendes Wasser tauchen, darauf etwas Teig streichen. Den Teig mit einem angefeuchteten Teigschaber flach streichen und dünne Streifen ins kochende Wasser schaben. Fertige Spätzle aus dem Wasser nehmen und kurz in eine Schüssel mit kaltem Wasser geben.
8. Soße aufkochen und von der Kochstelle nehmen. Rostbraten zugeben, mit Soße und Zwiebeln überziehen und 2–3 Minuten ziehen lassen, bis eine Kerntemperatur von 56 °C erreicht ist. Die Soße darf, sobald das Fleisch dazugeben ist, nicht mehr kochen.
9. Spätzle nach Belieben in Butter schwenken. Rostbraten mit Zwiebeln, Soße, Kartoffelstroh und Spätzle anrichten.

Zu erledigen

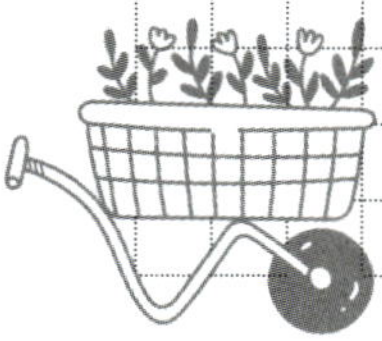

7 Montag

8 Dienstag

9 Mittwoch

10 Donnerstag

11 Freitag

12 Samstag

13 Sonntag

Montag 14

Dienstag 15

Mittwoch 16

Donnerstag 17

Freitag 18

Samstag 19

Sonntag 20

Zu erledigen

- [ ]
- [ ]
- [ ]

KW 41|42 Oktober

Buchteln mit Apfelfüllung und Schokostreuseln

von Lisa Rudiger

Für 9 Stück

Zutaten

Für die Apfelfüllung

- 150 g Äpfel
- 1 Vanilleschote
- 20 g Zucker
- ½ Bio-Zitrone, Saft

Für die Streusel

- 50 g Weizenmehl, Type 405
- 1 EL Backkakao
- 25 g Zucker
- 25 g Butter

Für den Hefeteig

- 100 ml Milch
- 60 g Zucker
- 15 g Hefe, frisch
- 50 g Butter
- 1 Ei, Größe M
- 1 Prise Salz
- 280 g Weizenmehl, Type 405

Außerdem

- Eckige Auflaufform, 20 cm x 20 cm
- Weiche Butter für die Form
- Mehl zum Bearbeiten

Zubereitung

1. Äpfel waschen, trocknen, achteln und entkernen. Mit Vanillemark, Zucker und Zitronensaft zerkleinern. Apfelmischung in einem Topf zugedeckt aufkochen, bei milder Hitze 3 Minuten kochen und abkühlen lassen.
2. Mehl, Kakao und Zucker mischen. Butter zugeben, zu Streuseln verarbeiten und kaltstellen.
3. Milch und Zucker leicht erwärmen und in eine Schüssel geben. Hefe hineinbröckeln und unter Rühren mit den Knethacken auflösen. 25 g Butter untermischen. Ei, eine Prise Salz und Mehl zugeben, zu einem glatten Teig kneten und abgedeckt etwa 20 Minuten ruhen lassen.
4. Auflaufform mit Butter fetten und die Schokostreusel auf dem Boden verteilen.
5. Teig in 9 Stücke teilen, zu Kugeln rollen und flachdrücken. In die Mitte 1 gehäuften EL Apfelmus geben, den Teig über die Füllung schlagen und zusammendrücken. Die Kugeln mit der Unterseite auf die Streusel drücken. Teig an einem warmen Ort 30 Minuten gehen lassen.
6. Backofen auf 175 °C (Umluft) vorheizen. Restliche Butter in einem Topf zerlassen und die Buchteln damit bestreichen. In der Ofenmitte etwa 20 Minuten backen und lauwarm genießen.

Das Hochbeet im Herbst

Garten-Tipp

Heike Boomgaarden

Wie der Rest des Gartens so braucht auch das Hochbeet in fast jeder Jahreszeit ein wenig Pflege. Das gibt es im Herbst zu tun:

Gemüse ernten, bevor der erste Frost kommt, und Strünke sowie Verblühtes entfernen. Soll das Hochbeet über Herbst und Winter ruhen, neues Zersetzungsmaterial in Form von Laub und Grünschnitt nachfüllen. Dafür die oberste Erdschicht beiseiteschieben und die Biomasse einbringen. Soll noch etwas gepflanzt werden, kein neues Schnittgut ins Hochbeet geben. Um die angenehme Arbeitshöhe wieder herzustellen, Kompost oder ein Erde-Kompost-Gemisch als neue oberste Schicht einbringen. Das Hochbeet kann auch so belassen werden, wie es ist und als Frühbeet genutzt werden. Nährstoffe und Erde sind trotz des abgesunkenen Zustands noch reichlich vorhanden.

Warum Laub so wichtig für das Ökosystem ist

Garten-Tipp

Eva Hofmann

Laub ist ein wichtiger Bestandteil unseres Ökosystems. Es bringt Nährstoffe in den Boden zurück. Das ist gut für die Pflanzen, aber auch für Mikroorganismen und Regenwürmer, durch die der Boden locker und aufnahmefähig wird. Ein gesunder Boden, der Feuchtigkeit aufnehmen kann, ist der beste Schutz gegen Austrocknung in Hitzesommern, Erosion und Wasserschäden bei Starkregen. Humus, der vornehmlich aus verrottetem Laub besteht, bindet CO_2 aus der Luft im Boden und leistet damit aktiven Klimaschutz.

Wird Laub zum Kompostieren verwendet, schont man mit dem selbst gemachten Dünger Ressourcen, spart Geld und entlastet die Müllabfuhr. Eine Schicht aus zerkleinertem Laub versorgt den Rasen mit neuen Nährstoffen. In den Beeten bietet Laub den Pflanzen Frostschutz und Laubhaufen stellen für viele Kleintiere im Winter einen Unterschlupf dar.

Ofenkürbis mit Feta und Walnüssen

von Dr. Stefanie Ackermann

Für 2–3 Portionen

Zutaten

- 1 Hokkaidokürbis, ca. 750 g
- 1 Zwiebel
- 3 EL Olivenöl
- ein paar Thymian- und Rosmarinzweige, grob zerkleinert
- Salz
- 2 EL Wasser
- 150 g Feta
- 50 g Walnusskerne
- 2 TL Honig

Zubereitung

1. Backofen auf 180 °C (Ober- und Unterhitze) vorheizen.
2. Kürbis waschen, vierteln, die Kerne entfernen und in Spalten schneiden. Zwiebel schälen und würfeln.
3. Kürbis und Zwiebel mit Olivenöl und Kräutern mischen und etwas salzen.
4. Mariniertes Gemüse in eine Auflaufform geben und 2 EL Wasser zugeben.
5. Feta zerbröseln und auf dem Kürbis verteilen.
6. Walnüsse grob zerkleinern und nach 10 min zugeben.
7. Kürbis insgesamt ca. 30–35 min. backen. Aus dem Ofen nehmen und mit Honig beträufeln.

Montag 21

Dienstag 22

Mittwoch 23

Donnerstag 24

Freitag 25

Samstag 26

Ende der Sommerzeit

Sonntag 27

Zu erledigen

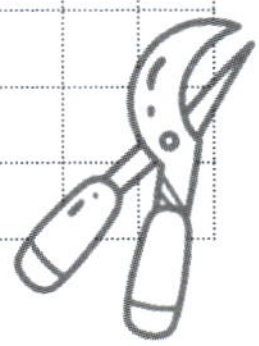

Auflösung

Warmer Oktober bringt fürwahr stets einen kalten Februar.

KW 43
Oktober

November

Montag **28**

Dienstag **29**

Mittwoch **30**

Reformationstag
Halloween

Donnerstag **31**

Allerheiligen

Freitag **1**

Samstag **2**

Sonntag **3**

Zu erledigen

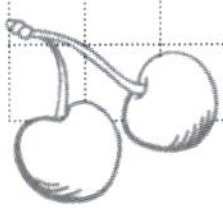

Bauernregel

November warm und klar, keine Sorge fürs nächste ....

KW 44
November

Kürbiskuchen mit Pistaziencreme

4 Stunden

von Claudia Hennicke-Pöschk

Für 16 Stücke

Zutaten

Für die Pistazien-Ganache

- 1 Blatt Gelatine
- 15 g Pistazienkerne
- 210 g Schlagsahne, kalt
- 15 g Honig, flüssig
- 80 g Kuvertüre, weiß

Für den Kürbiskuchen

- 280 g Hokkaidokürbis
- 250 g Mandeln, gemahlen
- 50 g Weizenmehl, Type 405
- 1 TL Backpulver
- 6 Eier, Größe M
- 100 g Zucker
- 1 Prise Salz
- 200 g Marzipanrohmasse
- etwas Muskatnuss, frisch gerieben
- etwas Madras-Currypulver

Für die Glasur

- 250 g Kuvertüre, weiß
- 25 g Traubenkernöl
- 20 g Pistazienkerne, gehackt

Außerdem

- Pürierstab
- Kastenform, 30 cm x 11 cm
- Backpapier für die Form

Zubereitung

1. Gelatine in kaltem Wasser einweichen. Pistazien zerkleinern. 60 g Sahne aufkochen, vom Herd nehmen und Honig unterrühren. Gelatine ausdrücken, dazugeben und unter Rühren auflösen. Kuvertüre zur Honig-Sahne geben und glattrühren. Restliche Sahne zugeben und mit einem Pürierstab kurz mixen. Gemahlene Pistazien unterrühren und Ganache über Nacht abgedeckt kaltstellen.
2. Backform mit Backpapier auslegen und Backofen auf 180 °C (Ober- und Unterhitze) vorheizen.

3. Kürbis waschen, trocknen, Kerne und weiches Inneres mit einem Esslöffel entfernen. Kürbis schälen und raspeln. Gemahlene Mandeln ohne Fett rösten. Mehl und Backpulver mischen, sieben und Mandeln untermengen.
4. Eier trennen. Eiweiß, Zucker und 1 Prise Salz in eine Schüssel geben, zu einem stabilen Eischnee schlagen und beiseitestellen.
5. Marzipan würfeln und mit Eigelben glattrühren. Etwas Muskatnuss und Currypulver zugeben und 5 Minuten cremig rühren.
6. Kürbis unter die Eigelbmasse mischen. Eischnee und Mandelmischung kurz unterheben. Teig in die Form geben. In der Ofenmitte 35–40 Minuten backen. Kuchen 10 Minuten abkühlen lassen, aus der Form heben und über Nacht auskühlen lassen.
7. Am nächsten Tag aus dem Kuchen der Länge nach einen dreieckigen Keil schneiden und herausheben. Ganache aufschlagen, in den Kuchen füllen, glattstreichen, den Keil umgedreht daraufsetzen und leicht andrücken.
8. Kuvertüre über einem Wasserbad schmelzen, Öl dazu geben und glattrühren. Pistazien unterrühren und Kuchen mit der Glasur überziehen.

Vanillesoße

von Lisa Rudiger

So geht's

1 Vanilleschote der Länge nach halbieren und das Mark herauskratzen. 300 ml Milch, 2 EL Zucker und Vanillemark in einem Topf zum Kochen bringen. Dabei regelmäßig umrühren. In einer Schüssel 200 ml Sahne, 1 Eigelb und 2 TL Speisestärke gründlich miteinander verrühren. Die Eigelb-Mischung zur kochenden Milch in den Topf geben und unter ständigem Rühren nochmals kurz aufkochen. Vanillesoße vom Herd nehmen und servieren.

Sträucher vermehren

Pflanzen-Tipp

Heike Boomgaarden

Wer gerne Sträucher vermehren möchte, kann das z.B. mithilfe von Stecklingen.

Ein Steckling ist ein Stückchen Pflanze, das Sie mit sauberem Werkzeug von der Ursprungspflanze abschneiden. Es sollten ca. 3 Blattpaare pro Steckling stehen bleiben. Bei kräftigeren Gehölzen liegen Sie mit einer Länge von ca. 10–20 cm in den meisten Fällen richtig. Die Blätter können Sie entfernen, um die Verdunstung zu reduzieren. Die Stecklinge in einen Topf mit nährstoffarmer Erde stecken, angießen und an einen warmen, hellen Platz stellen. Achten Sie darauf, dass die Erde nur feucht ist, sonst bildet sich Schimmel. Läuft alles gut, bilden die Stecklinge nach ein paar Wochen Wurzeln aus, dann können sie umgetopft werden.

Montag 4

Dienstag 5

Mittwoch 6

Donnerstag 7

Freitag 8

Samstag 9

Sonntag 10

Zu erledigen

- [ ]
- [ ]
- [ ]

KW 45 November

Artenschutz im Garten

Garten-Tipp

Carsten Weber

Baumschnitte, Rückschnitt von Sträuchern, Instandsetzung des Gartenteichs, Sanierungen von Dachstühlen – Klassischerweise sind der späte Herbst und der Winter die Zeit für größere Umgestaltungen im Garten. Das Bundesnaturschutzgesetz und das Artenschutzgesetz regeln, was erlaubt ist und was nicht.

Für die geschützten Tierarten und alle europäischen Vogelarten gilt, dass sie während der Fortpflanzungs-, Aufzucht-, Mauser-, Überwinterungs- und Wanderungszeit nicht erheblich gestört werden dürfen. Weder die Brutstätte noch die Lebensstätte dürfen zerstört werden. Auch im Garten und am Haus muss das beachtet werden. Unter besonderem Schutz stehen alle Vögel, alle Fledermausarten, Amphibien, Reptilien, alle Wildbienen und Hornissen und manche Schmetterlings- und Libellenarten.

Winterakzente mit farbigen Gehölzen

Pflanzen-Tipp

Helmut Tränkle

Im Herbst und Winter erzielen Gehölze, die eine außergewöhnliche Rinde haben, im Garten eine wunderschöne Wirkung. Knallige Farben oder eine besondere Beschaffenheit machen sie zum Hingucker. Wer ein Farb-Gehölz in den Kübel pflanzen möchte, sollte sich für einen Hartriegel entscheiden.

Ahorn „Acer palmatum Sangokaku" fasziniert mit einer leuchtend roten Rinde. Hartriegel „Cornus Winter Beauty" zeigt ein Farbspektrum von Gelb über Orange bis Rot. Hartriegel „Cornus Sibirica" zeichnet sich durch flammend rote Triebe aus. In knalligem Gelb präsentiert sich der Hartriegel „Cornus stolonifera Flaviramea". Die Birke ist ein Klassiker. Die Sorte „Doorenbos" weist eine besonders schöne weiße Rinde auf. Die Blauraute „Perovskia abrotanoides" ist ein dekorativer Halbstrauch mit silberbläulicher Rinde.

Zu erledigen

Sankt Martin

Montag 11

Dienstag 12

Mittwoch 13

Donnerstag 14

Freitag 15

Samstag 16

Sonntag 17

KW 46
November

Adventskalender aus Pappbechern

Kreativ-Tipp

Lisa Vöhringer

Diesen Adventskalender kann man einfach und günstig Selbermachen: Pappbecher falten, verzieren, befüllen und aufhängen.

So geht's

Schneiden Sie bei 24 Pappbechern den oberen Ring rundherum ab. Messen Sie vom oberen Rand 3 cm ab und machen Sie eine kleine Bleistiftmarkierung. Setzen Sie vier Markierungen kreuzförmig am Becher und je eine weitere mittig dazwischen. Insgesamt haben Sie am Ende 8 Markierungen, zu denen Sie hin schneiden. Falten Sie die zugeschnittenen Teile zur Bechermitte hin. Die einzelnen Teile überlappen sich dabei und verschließend die Öffnung vollständig. Um die Schnur einfacher zu fixieren, schneiden Sie kreuzförmig vier kleine Dreiecke aus dem Rand, der den Becherboden umgibt. Wickeln Sie die Schnur (von oben beginnend) wie beim Einpacken eines Geschenkes um den Pappbecher und ziehen Sie die Schnüre durch die gesetzten Einschnitte nach oben. Fixieren Sie einen Anhänger mit einer Zahl an der Schnur und binden Sie die Schnur zu einer Schleife zusammen. Wer die Becher aufhängen möchte, nimmt eine deutlich längere Schnur und lässt an einer Seite den längeren Teil übrig, bevor er diese um den Pappbecher bindet. Um die Becher in vier Reihen am Kleiderbügel zu fixieren, benötigen Sie Garn in den Längen von 80–120 cm. Da die kleinen Becher oben nur zugebunden werden, kann man diese nach Weihnachten wieder ineinander stapeln und im kommenden Jahr nochmal verwenden.

Montag **18**

Dienstag **19**

Buß- und Bettag

Mittwoch **20**

Donnerstag **21**

Freitag **22**

Samstag **23**

Sonntag **24**

Zu erledigen

Auflösung

November warm und klar, keine Sorge fürs nächste Jahr.

KW 47 November

Flanksteak mit glasiertem Wurzelgemüse

von Petra Bühler

Für 4 Portionen

Zutaten

Für das Flanksteak

- 800 g Flanksteak
- 2 Knoblauchzehen
- 4 Stiele Thymian
- 2 Stiele Rosmarin
- etwas Pfeffer
- etwas Salz
- 2 EL Pflanzenöl
- 15 g Butter
- etwas Steakpfeffer (nach Belieben)

Für den Kartoffelstampf

- 800 g Kartoffeln, mehligkochend
- 3 Zwiebeln, klein
- 2 Knoblauchzehen
- 1/2 Bund Petersilie
- etwas Salz
- 15 g Butter
- 500 ml Gemüsebrühe

Für das Gemüse

- 200 g Möhren
- 200 g Petersilienwurzeln
- etwas Salz
- 15 g Butter
- etwas Pfeffer
- etwas Salz
- etwas Zucker
- etwas Muskatnuss

Außerdem

- Fleischthermometer

Zubereitung

1. Fleisch auf ein Backblech legen und abgedeckt 1 Stunde Raumtemperatur annehmen lassen.
2. Ungeschälten Knoblauch mit einem Messer andrücken und halbieren. Thymian und Rosmarin grob zupfen.
3. Kartoffeln schälen, abbrausen, vierteln und in kaltes Wasser legen. Zwiebeln und Knoblauch abziehen und fein würfeln. Petersilie abbrausen, trockenschütteln, die Blätter abzupfen und klein hacken.

4. Möhren und Petersilienwurzeln waschen, putzen, schälen, der Länge nach halbieren, in 1 cm dicke, lange Stücke schneiden, in Salzwasser getrennt jeweils 4–5 Minuten bissfest kochen, abschrecken und abtropfen lassen.
5. Kartoffeln in Salzwasser ca. 20 Minuten weichkochen.
6. Butter zerlassen. Zwiebeln und Knoblauch bei milder Hitze unter Wenden goldbraun darin anrösten.
7. Steaks mit Pfeffer und Salz würzen. Öl erhitzen und das Fleisch darin von beiden Seiten 2–3 Minuten scharf anbraten. Pfanne beiseitestellen.
8. Steaks auf ein Gitter über einem Backblech legen. Thymian, Rosmarin und Knoblauch darauf verteilen und auf der mittleren Schiene im Backofen bei 150 °C (Ober- und Unterhitze) 15–20 Minuten auf 54 °C Kerntemperatur garen.
9. Gemüsebrühe aufkochen. Kartoffeln abgießen, ausdampfen lassen und mit einem Kartoffelstampfer leicht zerdrücken. Brühe kurz unterrühren, den Stampf abschmecken und warmhalten.
10. Butter zerlassen, Petersilienwurzeln und Möhren untermischen, mit Pfeffer, Salz, 2 Prisen Zucker und Muskatnuss würzen und glasieren.
11. Flanksteaks aus dem Ofen nehmen. Butter in der Fleisch-Pfanne erhitzen. Flanksteaks darin mit den Kräutern kurz nachbraten und 1 cm dick gegen die Fasern aufschneiden.
12. Petersilie unter die Knoblauch-Zwiebeln heben und erwärmen.
13. Kartoffelstampf, Gemüse, Flanksteaks und Petersilien-Zwiebeln anrichten.

Dezember

Montag 25

Dienstag 26

Mittwoch 27

Donnerstag 28

Freitag 29

Samstag 30

1. Advent

Sonntag 1

Zu erledigen

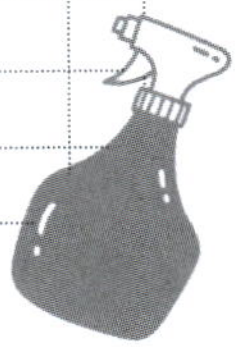

Bauernregel

Auf kalten Dezember
mit tüchtigem ....
folgt ein fruchtbar Jahr
mit reichlich Klee.

4 Stunden

Kleine Früchtebrote

von Lisa Rudiger

Für 10 Stück

Zutaten

- 500 g Trockenfrüchte, gemischt
- 125 ml Wasser
- 50 ml Rum, braun (alternativ Apfelsaft)
- 100 g Weizenmehl, Type 405
- 1 TL Trockenhefe
- ½ TL Zimt, gemahlen
- 75 g Haselnüsse, gehackt
- 50 g Mandelblättchen
- Backblech
- Backpapier
- Belegkirschen und Mandeln zum Verzieren

Zubereitung

1. Am Vorabend die Trockenfrüchte kleinschneiden und in eine flache Schale geben. Wasser und Rum erwärmen und über die Früchte geben, unterrühren und abgedeckt über Nacht ziehen lassen.
2. Am nächsten Tag den Backofen auf 180 °C (Ober- und Unterhitze) vorheizen. Ein Backblech mit Backpapier auslegen.
3. Mehl, Hefe, Zimt, Nüsse und Mandeln mischen, Trockenfrüchte dazu geben und mit den Händen kurz zu einem Teig kneten.
4. Teig in 10 Portionen teilen und zu kleinen Broten formen. Mit Belegkirschen und Mandeln verzieren und im vorgeheizten Backofen 10–15 Minuten backen.

Apfeltee

von Björn Deinert

So geht's

500 g frische Äpfel und 30 g frischen Ingwer waschen und trocknen. Äpfel von Stiel, Kernhaus und Blüte befreien. Ungeschälte Äpfel und ungeschälten Ingwer in grobe Stücke schneiden. 1 Bio-Zitrone heiß waschen, trocknen und in Scheiben schneiden. Apfel- und Ingwerstücke, Zitronenscheiben, 30 g Trockenpflaumen und 3 l kaltes Wasser in einen Topf geben und aufkochen. Dann offen bei schwacher Hitze 1 Stunde ziehen lassen. Tee mit 20–40 g Akazienhonig abschmecken. Zum Servieren den Apfeltee durch ein Sieb abseihen und heiß genießen. Etwas Vanille oder eine Zimtstange machen den Tee weihnachtlich. Und im Sommer ist der Tee als Eistee sehr lecker.

Ingwer-Holunderblüten-Aufguss

Astrid Fiebich

Hilft prima bei Erkältung und Halsschmerzen und wärmt auf.

So geht's

1 Stück Ingwer in 4–5 etwa 0,5 cm dicke Scheiben schneiden, in eine Tasse geben, mit kochendem Wasser aufgießen und abgedeckt ca. 10 Minuten ziehen lassen. Danach einen Schuss Holunderblütensirup dazugeben.

Meerrettich bei Erkältungen einsetzen

Ernährungs-Tipp

Astrid Fiebich

Meerrettich enthält Senföle, die häufig auch als "pflanzliches Antibiotikum" bezeichnet werden, obwohl der Begriff eigentlich irreführend ist, da sie ganz anders als herkömmliches Antibiotika wirken. Innerlich angewandt hemmen Senföle das Wachstum von Krankheitserregern. Im Gegensatz zu den klassischen Antibiotika töten die natürlichen Wirkstoffe des Senföls aber nicht nur Bakterien ab, sondern auch Viren, Hefen und Pilze. Wird der Meerrettich zerkleinert, erhöht sich die verfügbare Menge an Senfölen. Gerade bei Infekten der oberen Atemwege und der Harnblase wirken die Senföle des Meerrettichs besonders gut. Meerrettich wirkt nicht nur „antibiotisch", sondern auch schleimverflüssigend, reizstillend und verdauungsfördernd. Schon mit einem Esslöffel frisch geriebener Meerrettichwurzel tun Sie Ihren Abwehrkräften etwas Gutes. Den Meerrettich können Sie sich aufs Brot reiben, in den Salat oder in eine Soße mischen. Toll schmeckt er auch in Kombination mit Spinat und Roter Bete. Zu den senfölhaltigen Heilpflanzen zählen auch die Kaupzinerkresse, die Schaumkräuter, das Radieschen und der Senf.

Montag 2

Dienstag 3

Mittwoch 4

Donnerstag 5

Nikolaus

Freitag 6

Samstag 7

2. Advent

Sonntag 8

Zu erledigen

KW 49
Dezember

Nikolaustorte

von Claudia Hennicke-Pöschk

Für 12 Stücke

Zutaten

Für den Schokoladenboden

- 150 g Zartbitterkuvertüre
- 150 g Haselnusskerne, gemahlen
- 25 g Weizenmehl, Type 405
- 15 g Backpulver
- 6 Eier, Größe M
- 150 g Zucker
- 1 Pck. Vanillezucker

Für die Füllung

- 1½ Blatt Gelatine, weiß
- 160 g Schlagsahne
- 40 g Honig, flüssig
- 200 g Zartbitterkuvertüre
- 50 g Butter

Für die Glasur

- 1 Blatt Gelatine, weiß
- 130 g Schlagsahne
- 40 g Zucker
- 40 g Honig
- 40 g Butter
- 130 g Zartbitterkuvertüre

Für die Dekoration

- 200 g Marzipanrohmasse
- Speisefarbe, rot
- 50 g Rollfondant, weiß
- 1 Eiweiß, Größe M
- 200 g Puderzucker
- 1 TL Zitronensaft
- 40 g Zartbitterkuvertüre
- neutrales Öl

Außerdem

- Backpapier
- Tortenring/Springform, ø 26 cm
- Backblech
- Puderzucker
- Lochtülle, Nr. 12
- 2 Papierspritztüten

Zubereitung

1. Tortenring mit Backpapier auskleiden und auf ein Backblech stellen. Backofen auf 190 °C (Ober- und Unterhitze) vorheizen.
2. Kuvertüre über einem heißen Wasserbad schmelzen und abkühlen lassen.
3. Nüsse, Mehl und Backpulver mischen. Eier, Zucker und Vanillezucker verrühren, Kuvertüre zugeben und unterrühren. Nuss-Mehl-Mischung zugeben und unterheben. Teig in die Form füllen und in der Ofenmitte 35–45 Minuten backen.
4. Gelatine in kaltem Wasser einweichen. Sahne und Honig aufkochen, gehackte Kuvertüre dazugeben und unter Rühren schmelzen. Butter zugeben und schmelzen. Gelatine ausdrücken, unterrühren und etwas abkühlen lassen.

5. Boden vom Backpapier lösen und waagerecht halbieren. Unteren Boden auf ein Tortenblech legen und 2/3 der Füllung darauf verteilen. Oberen Boden auflegen und restliche Füllung darauf verteilen. Kuchen für 20 Minuten kaltstellen und festwerden lassen.
6. Gelatine in kaltem Wasser einweichen. Sahne, Zucker, Honig und Butter aufkochen, über die gehackte Kuvertüre gießen und unter gelegentlichem Rühren schmelzen. Gelatine ausdrücken und unterrühren. Kuchen mit der Glasur überziehen und festwerden lassen.
7. Marzipan mit etwas Puderzucker durchkneten und einfärben. Etwa 50 g Marzipan abnehmen und zu 12 Kugeln für die „Nasen" rollen. Übriges Marzipan auf der mit Puderzucker bestäubten Arbeitsfläche 2 mm dünn rund ausrollen, in 12 gleichgroße „Mützen" schneiden und in der Mitte der Torte auflegen.
8. Rollfondant auf einer mit Puderzucker bestäubten Arbeitsfläche dünn ausrollen. 24 „Augäpfel" ausstechen und unterhalb der „Mützen" anlegen. Rote „Nasen" darunter anlegen.
9. Eiweiß, Puderzucker und Zitronensaft schaumig rühren und „Bommel", „Krempe" und „Schnurrbart" auf die Torte spritzen.
10. Zartbitterkuvertüre über einem Wasserbad schmelzen, einen Tropfen Öl unterrühren, etwas abkühlen lassen und „Pupillen" auf die „Augäpfel" spritzen.
11. Torte bis zum Servieren kaltstellen.

Zu erledigen

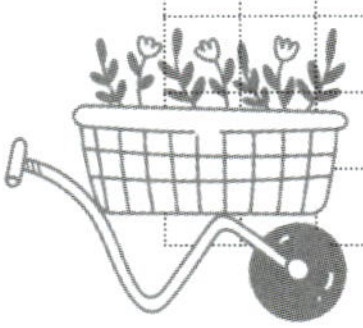

9 Montag

10 Dienstag

11 Mittwoch

12 Donnerstag

13 Freitag

14 Samstag

15 Sonntag

3. Advent

Montag 16

Zu erledigen

Dienstag 17

Mittwoch 18

Donnerstag 19

Freitag 20

Samstag 21

4. Advent

Sonntag 22

Vogelfutter selber machen

Garten-Tipp

Carsten Weber

Gekauftes Vogel-Fettfutter ist oft von schwankender Qualität und schmeckt auch den Tieren nicht immer. Daher lohnt es sich das Futter selber zu machen. Das macht auch Spaß!

Ein Glas reines Kokosfett erwärmen, bis es flüssig ist, und in eine Schüssel geben. Verschiedene Körner wie Sonnenblumenkerne, Disteln, Leinsamen, Hanf, geschälte Erdnüsse, Haferflocken und Rosinen hinzugeben. Alles gut durchmischen, bis es eine zähflüssige Konsistenz hat. Das Mischverhältnis sollte etwa 1:1 sein. In eine kleine Gugelhupfform aus Silikon füllen. Aushärten lassen und aus der Form drücken. Eine Schnur durch den Gugelhupf ziehen und an einem Ast befestigen.

Weihnachtsbaum im Topf pflegen

Garten-Tipp

Volker Kugel

Tut es Ihnen in der Seele weh, wenn Millionen von Nadelbäumen für wenige Festtage abgesägt werden? Kaufen Sie ein Bäumchen mit Wurzelballen!

Lebende Weihnachtsbäume können 4–5 Tage in einem beheizten Raum stehen. Sie sollten nicht länger als 2 Wochen im Wohnzimmer bleiben. Die trockene Raumluft entzieht den Nadeln Feuchtigkeit. Besprühen Sie die Pflanze täglich mehrmals mit Wasser. Bei frostigen Temperaturen ist eine schrittweise Umstellung für den Weihnachtsbaum wichtig. Stellen Sie das Bäumchen zuerst für einige Tage in einen frostfreien Raum. Sind die Feiertage vorbei, können Sie den Baum bei Frost nicht übergangslos auf den Balkon oder in den Garten stellen. Er braucht wie beim Einzug die klimatische Zwischenstufe in einem frostfreien Raum.

Schleifen aus Papier-resten selber machen

Kreativ-Tipp

Lisa Vöhringer

Die kleinen Geschenkpapierstücke, die beim Einpacken übrig bleiben, nutzen wir sinnvoll, um damit Geschenke aufzuhübschen.

So geht's

Schneiden Sie das Papier in lange, mindestens 5 cm breite Streifen. Die Rückseite des Papiers mit Klebstoff bestreichen und den Streifen in der Hälfte gefaltet aufeinander kleben. Falten Sie den Streifen erneut in der Hälfte. Schneiden Sie an der geschlossenen Kante mit dem Kopf beginnend die Form eines Fisches zu. Achten Sie dabei darauf das der Teil zwischen Kopf und Schwanz nicht zu dünn wird. Klappen Sie den Fisch auseinander. Machen Sie am Übergang zwischen Kopf und Schwanz einen Einschnitt bis zur Mitte. Der Einschnitt ist auf der linken Seite unten und auf der rechten Seite oben. Stecken Sie die beiden Schnitte ineinanderstecken, sodass sie bündig sind. Schneiden Sie für die Mitte der Schleife einen dünnen Streifen Papier ab. Legen Sie diesen mittig um die Schleife und verkleben Sie Anfang und Ende auf der Rückseite.

Nun können Sie die Schleife auf dem Geschenk aufkleben.

Gewürzforelle mit marinierter Roter Bete

45 Minuten

von Martin Gehrlein

Für 4 Portionen

Zutaten

Für die Rote Bete

- 4 Knollen Rote Bete, klein
- etwas Salz
- etwas Pfeffer
- 2 EL Balsamessig
- 4 EL Kürbiskernöl
- 1 Scheibe Bauernbrot, je nach Größe auch 2 Scheiben
- 2 EL Walnüsse

Für die Forelle

- 4 Forellenfilets, mit Haut
- 1 El Zitronensaft
- etwas Räuchersalz
- etwas Pfeffer
- 1 EL Kräuter der Provence, getrocknet
- 4 EL Rapsöl

Außerdem

- 200 g Schmand oder Sauerrahm
- 4 Stiele Petersilie

Zubereitung

1. Rote Bete abbrausen und in leicht gesalzenem Wasser etwa 20–30 Minuten weich kochen.
2. Die Forellen entgräten und auf eine Platte geben.
3. Zitronensaft, Räuchersalz, Pfeffer, Kräuter der Provence und Öl mischen. Forellenfilets damit bestreichen und ziehen lassen.
4. Rote Bete aus dem Wasser nehmen, etwas abkühlen lassen, mit Handschuhen schälen und in Spalten schneiden.
5. Essig, Salz, Pfeffer und Kürbiskernöl verrühren. Mit den Rote-Bete-Spalten mischen und marinieren.

6. Die Rinde vom Brot entfernen. Das Brot grob zerbröseln und in einer Pfanne ohne Fett rösten. Auf einen Teller geben und abkühlen lassen. Anschließend fein zerbröseln.
7. Walnüsse rösten, abkühlen lassen und fein hacken.
8. Brot und Nüsse mischen und nach Belieben mit etwas Salz und Pfeffer würzen.
9. Öl erhitzen. Forellenfilets darin bei milder Hitze zuerst auf der Hautseite ca. 2–3 Minuten sanft braten. Anschließend wenden und auf der Fleischseite ca. 1 Minute garen.
10. Forelle und Rote Bete mit Sauerrahm, Petersilie und Walnuss-Brotbröseln anrichten.

Glasierte Maronen

von Kevin Kugel

So geht's

50 g Zucker in einer trockenen Pfanne bei geringer Hitze unter Rühren langsam goldgelb schmelzen lassen. Mit 60 ml Wasser aufgießen und ohne Umrühren einkochen lassen. 200 g küchenfertige, gekochte und vakuumierte Maronen dazugeben, kurz erwärmen und 1 EL Butter einrühren. Ab und zu umrühren und gleichmäßig verteilen.

Zitronenpaste

von Claudia Hennicke-Pöschk

Aus Zucker und Zitronen lässt sich ganz schnell eine Zitronenpaste zubereiten, die man besonders gut zum Backen verwenden kann, z. B. als Ersatz für Zitronenabrieb!

So geht's

250 g ungespritzte Bio-Zitronen vierteln und in Würfel schneiden, dabei die Blüten- und Stielansätze sowie die Kerne entfernen. Die zerkleinerten Zitronenstücke mit 150 g Zucker in einen Standmixer geben und fein mixen. Die Zitronenpaste in einen Behälter abfüllen, mit Namen und Datum versehen und im Kühlschrank aufbewahren oder einfrieren. Die Zitronenpaste ist im Kühlschrank ca. 3 Wochen und tiefgekühlt 2 Monate haltbar. Mit Orangen funktioniert das Rezept genauso.

Zu erledigen

Montag 23

Dienstag 24
Heiligabend

Mittwoch 25
1. Weihnachtsfeiertag

Donnerstag 26
2. Weihnachtsfeiertag

Freitag 27

Samstag 28

Sonntag 29

- [ ]
- [ ]
- [ ]

KW 52
Dezember

Eis-Gin

von Silke Senft

So geht's

Für die Glasdekoration Bio-Zitronenscheiben, Blaubeere und Himbeere auf einen Holzspieß stecken. Für den Cocktail Eiswürfel in einen Cocktailshaker geben. 5 cl Gin-Likör, 2 cl Zitronensaft und 2 cl Zuckersirup abmessen und zugeben. Shaker verschließen, kurz schütteln und ohne die Eiswürfel durch das Sieb in eine kleine Sektschale füllen. Mit Sodawasser auffüllen und mit dem Beerenspieß dekorieren.

Espresso auf Barrique

von Silke Senft

So geht's

Für die Glasdekoration weiße Schokolade mit einem großen Messer hacken und über einem heißen Wasserbad schmelzen. Bunte Zuckerperlen in einen tiefen Teller geben. Rand der Cocktailschale in die Schokolade tauchen, abtropfen lassen, in die Zuckerperlen tauchen, vorsichtig umdrehen und trocknen lassen. Für den Cocktail Eiswürfel in einen Cocktailshaker geben. 3 cl Whisky, 10 cl Kaffeelikör und 5 cl kalten Espresso abmessen und zugeben, Shaker verschließen, kurz schütteln und ohne die Eiswürfel durch das Sieb in die Cocktailschale füllen.

Montag 30

Silvester

Dienstag 31

Neujahr

Mittwoch 1

Donnerstag 2

Freitag 3

Samstag 4

Sonntag 5

Zu erledigen

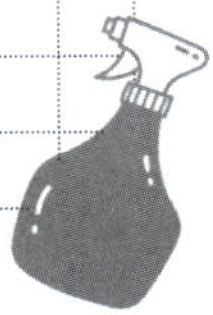

Auflösung

Auf kalten Dezember
mit tüchtigem Schnee
folgt ein fruchtbar Jahr
mit reichlich Klee.

Schulferien 2024

Deutschland

	Winter	Ostern	Pfingsten
Baden-Württemberg	–	23.03. – 05.04.	21.05. – 31.05.
Bayern	12.02. – 16.02.	25.03. – 06.04.	21.05. – 01.06.
Berlin	05.02. – 10.02.	25.03. – 05.04.	10.05.
Brandenburg	05.02. – 09.02.	25.03.– 05.04.	10.05.
Bremen	01.02. – 02.02.	18.03. – 28.03.	10.05./21.05.
Hamburg	02.02.	18.03. – 28.03.	10.05. / 21.05. – 24.05.
Hessen	–	25.03. – 13.04.	–
Mecklenburg-Vorpommern	05.02. – 16.02.	25.03. – 03.04.	10.05. / 17.05. – 21.05.
Niedersachsen	01.02.–02.02.	18.03. – 28.03.	10.05./21.05.
Nordrhein-Westfalen	–	25.03. – 06.04.	21.05.
Rheinland-Pfalz	–	25.03. – 02.04.	21.05. – 29.05.
Saarland	12.02. – 16.02.	25.03. – 05.04.	21.05. – 24.05.
Sachsen	12.02. – 23.02.	28.03. – 05.04.	10.05. / 18.05. – 21.05.
Sachsen-Anhalt	05.02. – 10.02.	25.03. – 30.03.	21.05. – 24.05.
Schleswig-Holstein	–	02.04. – 19.04.	10.05. – 11.05.
Thüringen	12.02. – 16.02.	25.03. – 06.04.	10.05.

	Sommer	Herbst	Weihnachten
Baden-Württemberg	25.07. – 07.09.	28.10. – 30.10. / 31.10.	23.12. – 04.01.
Bayern	29.07. – 09.09.	28.10. – 31.10. / 20.11.	23.12. – 03.01.
Berlin	18.07. – 30.08.	04.10./21.10. – 02.11.	23.12. – 31.12.
Brandenburg	18.07. – 31.08.	04.10./21.10. – 02.11.	23.12. – 31.12.
Bremen	24.06. – 02.08.	04.10. – 19.10. / 01.11.	23.12. – 04.01.
Hamburg	18.07. – 28.08.	04.10./21.10. – 01.11.	20.12. – 03.01.
Hessen	15.07. – 23.08.	14.10 – 21.10.	23.12. – 10.01.
Mecklenburg-Vorpommern	22.07. – 31.08.	04.10 / 21.10. – 26.10./01.11.	23.12. – 06.01.
Niedersachsen	24.06. – 02.08.	04.10. – 19.10. / 01.11.	23.12. – 04.01.
Nordrhein-Westfalen	08.07. – 20.08.	14.10. – 26.10.	23.12. – 06.01.
Rheinland-Pfalz	15.07. – 23.08.	14.10. – 25.10.	23.12. – 08.01.
Saarland	15.07. – 23.08.	14.10. – 25.10.	23.12. – 03.01.
Sachsen	20.06. – 02.08.	07.10.– 19.10.	23.12. – 03.01.
Sachsen-Anhalt	24.06. – 03.08.	30.09.– 12.10. / 01.11.	23.12. – 04.01.
Schleswig-Holstein	22.07. – 31.08.	04.10 / 21.10. – 01.11.	19.12. – 07.01.
Thüringen	20.06. – 31.07.	30.09. – 12.10.	23.12. – 03.01.

Österreich

	Ostern	Pfingsten	Sommer	Herbst	Weihnachten
Burgenland	23.03. – 01.04.	18.05. – 20.05.	29.06. – 02.09.	28.10. – 31.10. / 02.11. / 11.11.	24.12. – 06.01.
Kärnten	19.03. / 23.03. – 01.04.	18.05. – 20.05.	06.07. – 08.09.	28.10. – 31.10.	24.12. – 06.01.
Nieder-österreich	23.03. – 01.04.	18.05. – 20.05.	29.06. – 02.09.	28.10. – 31.10. / 15.11.	24.12. – 06.01.
Ober-österreich	23.03. – 01.04.	04.05. / 18.05. – 20.05.	06.07. – 08.09.	28.10. – 31.10.	24.12. – 06.01.
Salzburg	23.03. – 01.04.	18.05. – 20.05.	06.07. – 08.09.	24.09. / 28.10. – 31.10.	24.12. – 06.01.
Steiermark	19.03. / 23.03. – 01.04.	18.05. – 20.05.	06.07. – 08.09.	28.10. – 31.10.	24.12. – 06.01.
Tirol	19.03. / 23.03. – 01.04.	18.05. – 20.05.	06.07. – 08.09.	28.10. – 31.10.	24.12. – 06.01.
Vorarlberg	19.03. / 23.03. – 01.04.	18.05. – 20.05.	06.07. – 08.09.	28.10. – 31.10.	24.12. – 06.01.
Wien	23.03. – 01.04.	18.05. – 20.05.	29.06. – 02.09.	28.10. – 31.10. / 15.11	24.12. – 06.01.

Schweiz

	Sportferien	Frühling	Sommer	Herbst	Weihnachten
Aargau	–	08.04. – 19.04.	22.07. – 09.08.	30.09. – 11.10.	23.12. – 03.01.
Basel-Land	10.02. – 25.02.	23.03. – 07.04. / 10.05.	29.06. – 11.08.	28.09. – 14.10.	21.12. – 06.01.
Basel-Stadt	10.02. – 24.02.	23.03. – 06.04. / 10.05.	29.06. – 10.08.	28.09. – 12.10.	21.12. – 04.01.
Bern	–	06.04. – 21.04.	06.07. – 11.08.	21.09. – 13.10.	21.12. – 05.01.
Freiburg	12.02. – 16.02.	29.03. – 12.04. / 10.05. / 20.05.	01.07. – 21.08.	14.10. – 20.10.	23.12. – 03.01.
Genf	19.02. – 23.02.	29.03. – 12.04. / 10.05.	01.07. – 18.08.	21.10. – 24.10.	23.12. – 03.01.
Jura	19.02. – 23.02.	29.03. – 12.04.	08.07. – 16.08.	14.10. – 25.10.	23.12. – 03.01.
Luzern	03.02. – 18.02.	28.03. – 14.04.	06.07. – 18.08.	28.09. – 13.10.	21.12. – 05.01.
Neuenburg	26.02. – 01.03.	29.03. – 12.04. / 10.05.	08.07. – 16.08.	07.10. – 18.10.	23.12. – 03.01.
Obwalden	03.02. – 18.02.	23.03. – 14.04.	06.07. – 18.08.	28.09. – 13.10.	21.12. – 05.01.
Schaffhausen	27.01. – 11.02.	13.04. – 28.04.	06.07. – 11.08.	28.09. – 20.10.	24.12. – 05.01.
Solothurn	05.02. – 16.02.	08.04. – 19.04.	08.07. – 09.08.	30.09. – 18.10.	23.12. – 03.01.
Thurgau	29.01. – 04.02.	29.03. – 12.04. / 09.05. – 20.05.	08.07. – 11.08.	07.10. – 20.10.	23.12. – 05.01.
Uri	02.03. – 10.03.	27.04. – 12.05.	06.07. – 18.08.	05.10. – 20.10.	21.12. – 06.01.
Waadt	10.02. – 18.02.	29.03. – 14.04.	29.06. – 18.08.	12.10. – 27.10.	21.12. – 05.01.
Wallis	26.02. – 08.03.	06.05. – 10.05.	01.07. – 18.08.	14.10. – 25.10.	23.12. – 03.01.
Zürich	–	22.04. – 04.05.	15.07. – 17.08.	07.10. – 19.10.	23.12. – 04.01.

Jahresübersicht 2025

Januar

Mo	Di	Mi	Do	Fr	Sa	So
		1	2	3	4	5
6	7	8	9	10	11	12
13	14	15	16	17	18	19
20	21	22	23	24	25	26
27	28	29	30	31		

Februar

Mo	Di	Mi	Do	Fr	Sa	So
					1	2
3	4	5	6	7	8	9
10	11	12	13	14	15	16
17	18	19	20	21	22	23
24	25	26	27	28		

März

Mo	Di	Mi	Do	Fr	Sa	So
					1	2
3	4	5	6	7	8	9
10	11	12	13	14	15	16
17	18	19	20	21	22	23
24	25	26	27	28	29	30
31						

April

Mo	Di	Mi	Do	Fr	Sa	So
	1	2	3	4	5	6
7	8	9	10	11	12	13
14	15	16	17	18	19	20
21	22	23	24	25	26	27
28	29	30				

Mai

Mo	Di	Mi	Do	Fr	Sa	So
			1	2	3	4
5	6	7	8	9	10	11
12	13	14	15	16	17	18
19	20	21	22	23	24	25
26	27	28	29	30	31	

Juni

Mo	Di	Mi	Do	Fr	Sa	So
						1
2	3	4	5	6	7	8
9	10	11	12	13	14	15
16	17	18	19	20	21	22
23	24	25	26	27	28	29
30						

Juli

Mo	Di	Mi	Do	Fr	Sa	So
	1	2	3	4	5	6
7	8	9	10	11	12	13
14	15	16	17	18	19	20
21	22	23	24	25	26	27
28	29	30	31			

August

	Di	Mi	Do	Fr	Sa	So
				1	2	3
4	5	6	7	8	9	10
11	12	13	14	15	16	17
18	19	20	21	22	23	24
25	26	27	28	29	30	31

September

Mo	Di	Mi	Do	Fr	Sa	So
1	2	3	4	5	6	7
8	9	10	11	12	13	14
15	16	17	18	19	20	21
22	23	24	25	26	27	28
29	30					

Oktober

Mo	Di	Mi	Do	Fr	Sa	So
		1	2	3	4	5
6	7	8	9	10	11	12
13	14	15	16	17	18	19
20	21	22	23	24	25	26
27	28	29	30	31		

November

Mo	Di	Mi	Do	Fr	Sa	So
					1	2
3	4	5	6	7	8	9
10	11	12	13	14	15	16
17	18	19	20	21	22	23
24	25	26	27	28	29	30

Dezember

Mo	Di	Mi	Do	Fr	Sa	So
1	2	3	4	5	6	7
8	9	10	11	12	13	14
15	16	17	18	19	20	21
22	23	24	25	26	27	28
29	30	31				

Impressum

FOTOS: SWR (S. 16, S. 17, S. 18, S. 25, S. 32. S. 34, S. 40, S. 45, S. 46, S. 55, S. 64, S. 73, S. 79, S. 81, S. 84, S. 89, S. 94, S. 95, S. 99, S. 102, S. 110, S. 111, S. 119, S. 122, S. 129, S. 134, S. 137, S. 140, S. 141, S. 145, S. 149, S. 151, S. 154); Freepik (Illustrationen, Hintergründe, Monatsübersichtsseiten, S. 2, S. 4, S. 5, S. 11, S.13, S. 14, S. 15, S. 22, S. 30, S. 38, S. 40, S. 42, S. 50, S. 52, S. 56, S. 60, S. 66, S. 67, S. 70, S. 76, S. 78, S. 84, S. 86, S. 90, S. 94, S. 96, S. 100, S. 106, S. 108, S. 112, S. 114, S. 123, S. 124, S. 130, S. 132, S. 141, S. 142, S. 148, S. 152); Frechverlag (S. 3, S. 19); AdobeStock (S. 62, S. 66, S. 130); PEXELS (S. 40)

REZEPTE: Martin Gehrlein (S. 24/25, S. 150/151), Stina Spiegelberg (S. 32, S. 72/73), Stefanie Biedermann (S. 34, S. 95, S. 110), Lisa Rudiger (S. 40, S. 54/55, S. 84, S. 94, S. 122, S. 130, S. 140), Sabrina Dürr (S. 42, S. 67), Caroline Authenrieth (S. 44/45), Susanna Rupp (S. 46), Natalie Lumpp (S. 52, S. 111), Dr. Stefanie Ackermann (S. 62, S. 114, S. 124), Qin Xie (S. 64), Eberhard Braun (S. 80/81), Jens Jakob (S. 88/89), Sabine Holzäpfel (S. 94), Rainer Klutsch (S. 98/99), Hannes Weber (S. 102), Timo Böckle (S. 118/119), Claudia Hennicke-Pöschk (S. 128/129, S. 144/145, S. 152), Petra Bühler (S. 136/137), Björn Deinert (S. 141), Astrid Fiebich (S. 141), Kevin Kugel (S. 152), Silke Senft (S. 154)

TEXTE: Die Inhalte dieses Buches wurden von den Redakteuren und Redakteurinnen sowie Experten und Expertinnen der TV-Sendung Kaffee oder Tee erstellt und für dieses Kalenderbuch aufbereitet. Der Aussaatkalender basiert auf Angaben des aid Infodienst Ernährung, Landwirtschaft, Verbraucherschutz e.V.i.L.

SATZ: Maria Hecher
COVERGESTALTUNG: Eva Hook
PRODUKTMANAGEMENT: Lara Franke, Stephanie Iber
HERSTELLUNG: Katrin Röhlig
DRUCK und BINDUNG: PNB Print Ltd, Lettland

1. Auflage 2023

ISBN: 978-3-7358-5134-5 Best.-Nr. 25134

FSC www.fsc.org MIX Papier | Fördert gute Waldnutzung FSC® C084698

Penguin Random House Verlagsgruppe FSC® N001967